労働契約法のしくみと企業対応Q&A

1冊でわかる新たな雇用ルール

岩出　誠・織田康嗣・
山﨑貴広・中野博和
著

ぎょうせい

はしがき

平成19年に成立し、平成20年から施行されている労働契約法は、当初案には多くの立法提言がなされていました。しかし、解雇の金銭解決をはじめとして、論争点も多く、最終的には、就業形態の多様化、個別労働関係紛争の増加等に対応し、労働者の保護を図りつつ、個別の労働関係の安定に資するため、労働者および使用者の自主的な交渉の下で、労働契約が合意により成立し、または変更されるという合意の原則および労働契約と就業規則との関係等を定める必要から、小さく生んで大きく育てる趣旨により、確立された判例法理の明文化を中心として成立しました。成立した労働契約法は、施行後、就業規則の不利益変更に係る10条をはじめとして大いに活用されてきました。

しかし、まさに、小さく生んで大きく育てる過程で最初に対応を迫られたのが、非正規労働者の拡大に伴い、その中核を成す有期契約労働者への保護を目的とする法整備でした。すなわち、平成24年の改正による労働契約法17条～20条の規定は、確立された判例法理の明文化（同法19条）にとどまらず、少子高齢化に対応すべく、有期契約労働者の無期転換（同法18条）や期間の定めがあることによる不合理な労働条件の禁止（同法20条）など、非正規労働者の保護という積極的政策実現に向けた立法政策に基づく改正でした。

さらに、平成30年改正は、働き方改革の御旗の下で、年収200万円以下で、結婚も子育てもできない非正規労働者の実態から脱却し、「非正規」という言葉自体をなくすことを目的に掲げる積極的政策目的に基づく改正で、労働契約法20条が短時間労働者及び有期雇用労働者の雇用管理の改善等に関する法律（以下、「パート有期法」という）８条に移管し、従前の短時間労働者の雇用管理の改善等に関する法律８条の均等待遇規定を、パート有期法９条により有期雇用労働者に拡大するとともに、派遣労働者にも、派遣先労働者との均衡・均等処遇の規定を導入するなど（改正労働者派遣法30条の３、30

条の4)、より積極的な政策の実現をめざした改正となっています。

そこで、本書は、以上の労働契約法創設以来の改正経緯や、これに関連して、改正前労働契約法20条を取り込んだパート有期法や改正労働者派遣法の改正、それらをカバーするいわゆる同一労働同一賃金ガイドラインにまで踏み込んで、改正概要だけでなく、各改正に向け、できる限り実務対応上の留意点にも言及しています。

なお、共同執筆者代表による章立て、テーマの設定等の調整はなされていますが、各執筆者は、自説を述べるのではなく、判例・裁判例・通達・指針等を中心に、でき得る限り客観的に、前述の目的を狙って各自が独自に執筆しました。したがって、各所で示されている見解は各担当執筆者の個人の責任において示されたもので、執筆者全員の統一見解でも、共同執筆者代表の見解というものでもないこと、そのため、最低限の調整はしたものの、各所での各人の説明や利用者の便宜のため関連には留意しましたが、強いて各項目相互間の分析につき調整を行っていないことをお断りしておきます。

本書の企画、刊行全般について、株式会社ぎょうせい、ロア・ユナイテッド法律事務所の担当秘書吉野麻耶氏をはじめとする皆さんにいろいろとお骨折りいただいたことに御礼申し上げます。

令和2年3月

執筆者を代表して

弁護士　岩　出　　誠

凡　　例

1　裁判例

裁判例を示す場合、「判決」⇒「判」、「決定」⇒「決」と略した。また、裁判所の表示および判例集等の出典については、次に掲げる略語を用いた。

⑴　裁判所名等略語

最大	最高裁判所大法廷
最○小	最高裁判所第○小法廷
○○高	○○高等裁判所
○○地	○○地方裁判所
○○支	○○支部

⑵　判例集・法律雑誌等出典略語

刑集	最高裁判所刑事判例集
民集	最高裁判所民事判例集
労民	労働関係民事裁判例集
判時	判例時報
判タ	判例タイムズ
労経速	労働経済判例速報
労旬	労働旬報
労判	労働判例

2　その他文献

岩出・大系	岩出誠『労働法実務大系〔第2版〕』（民事法研究会、2019年）
菅野	菅野和夫『労働法〔第12版〕』（弘文堂、2019年）
荒木	荒木尚志『労働法〔第3版〕』（有斐閣、2016年）
水町・詳解	水町勇一郎『詳解　労働法』（東京大学出版会、2019年）

目　　次

第1章　総　論

第2章　労働契約に関する基本原則等

第３章　労働契約の成立・就業規則の最低基準効・内容規律効力等

第４章　労働条件の変更

第5章　労働契約の継続

第6章　労働契約の終了

第7章　有期労働契約

第８章　非正規雇用への公正な待遇の確保

第1章

総　論

Q1　労働契約法の成立と改正経緯と概要

労働契約法の成立と改正経緯と概要はどのようなものでしょうか。

Answer

就業形態の多様化、個別労働関係紛争の増加等に対応し、労働者の保護を図りつつ、個別の労働関係の安定に資するようにするため新立法として定められ、その後、平成24年に有期労働契約につき無期転換等を盛り込んだ改正がなされ、平成30年には有期労働者の不合理な待遇の禁止（20条）が削除され短時間労働者及び有期雇用労働者の雇用管理の改善等に関する法律（以下、「パート有期法」という）に移管されました。

解　説

1｜労働契約法制の立法化に関する労使双方の認識

そもそも、なぜ、労働契約法が必要なのか、という点に関しては、後述３⑴のとおり、当初は、労動側が、これを早くから提唱してきたところでした（詳細については、岩出誠『労働契約法・改正労基法の個別論点整理と企業の実務対応』（日本法令、2007年）18頁以下参照）。他方、使用者側の認識では、とりわけ中小企業を代表する商工会議所等からは、第２の労働基準法（以下、「労基法」という）として、規制の強化につながりかねず、事務負担の増大を招く等の要素もあるとして、労働契約法制定には消極的な態度が示され、厚生労働省（以下、「厚労省」ともいう）労政審議会労働条件分科会（以下、「分科会」という）でも平成18年12月27日の最後まで反対していました。

しかし、法制化すべき事項とその内容やその法的性格付け（任意規定か強行規定か、あるいはそのバランス等）に関しては労使間に最後まで深刻な対立が残っていたものの、大勢としては、その法制化自体に絶対反対との立場はなかったようにみられます。

2 厚労省の構想における立法の必要性

そこで労働契約法制の立法化の必要性について、後述の厚労省「今後の労働契約法制の在り方に関する研究会」平成17年9月15日付同研究会最終報告（以下、「研究会最終報告」ともいう）が、以下のように指摘するところは、おおむね、労使双方の共通の認識といってよいでしょう。

すなわち、研究会最終報告の概要には、労働契約法制の必要性につき、以下のように示されています（一部筆者により改変・省略）。

「1　労働契約法制の必要性

(2)　近年の労働契約をめぐる状況の変化

近年、就業形態・就業意識の多様化に伴う労働条件決定の個別化の進展や経営環境の急激な変化に対応する迅速な労働条件変更の必要性の増加、さらに集団的労働条件決定システムの機能の低下や個別労働関係紛争の増加という労働契約をめぐる状況の変化が見られる。就業形態の多様化等による労働条件の個別的な決定・変更の必要性が増大している中では、労使当事者が、最低基準に抵触しない範囲において、労働契約の内容をその実情に応じて対等な立場で自主的に決定することが重要となる。その際には、労使当事者の行為規範となる公正かつ透明なルールを設定する必要がある。

(3)　労働契約法制の必要性

ア　労働契約法制の必要性

以上のような状況を踏まえ、労働関係が公正で透明なルールによって運営されるようにするため、労働基準法とは別に、労働契約の分野において民法の特別法となる労働契約法制を制定することが必要である。

この労働契約法制においては、単に判例法理（筆者注：最高裁判所判決や裁判例の積み重ねにより形成されたルール）を立法化するだけでなく、手続を規定することや、当事者の意思が明確でない場合にそれを補完するための規定（任意規定（筆者注：当事者の意思によりその適用を排除できる規定）、推定規定

（筆者注：はっきりしない事実について、一応、一定の法律効果を発生させる規定））を活用することにより、労使当事者の行為規範となり、かつ、具体的な事案に適用した場合の予測可能性を高めて紛争防止にも役立つようなルールを形成することが必要である。

イ　労働基準法と労働契約法制それぞれの役割

労使当事者の対等な立場での自主的な決定を促進する労働契約法制と、労働条件の最低基準を定め罰則や監督指導によりその確保を図る労働基準法等の従来の労働関係法令とは、両者があいまって時代の変化に対応した適正な労働関係の実現を可能とするものである」。

3｜法制化に向けた沿革

⑴　労働側の要請

労働契約法制の必要性に関しては、実は、早くから労働組合側から提唱されていました。たとえば、日本労働組合総連合会（以下、「連合」という）の「2005年度『連合の重点政策』」（平成16年６月）で「労働契約法」が制定の重点政策に掲げられ、平成17年連合総研の毛塚勝利中央大学教授を主査とした、労働法、民法の研究者や弁護士など８名の専門家で構成される「労働契約法制研究委員会」により「労働契約法制研究委員会報告書」が提出され、包括的な「労働契約法試案」も提案されていました。さらに、古くは、平成５年の日本労働弁護団「労働契約法制立法宣言」（第１次案）発表、平成８年の全国労働組合連絡協議会「解雇制限法案」発表や平成13年の連合「労働契約法案」（骨子案）発表等までさかのぼることができ、いってみれば、まさに、労働契約法は本来、労働組合なり労働運動の側から求められていたものなのです。

上記連合試案は、制作にあたった研究者のレベルも高く、経営側からは反発される内容を多く含んではいますが、特に、労使にさほどの対立がないテーマに関しては同様な条項が、今後も提案される可能性を否定できませんし、各企業において、就業規則等を作成する際に、労働側の要求を予想する意味でも参考になります。

(2)　国会決議等の背景と最終報告等への労使の反発

そして、これらの提唱にも対応すべく、厚労省においても、早くは、平成14年12月26日の労働政策審議会建議にて、「労働契約に係る制度の在り方」として、その終了等のルールおよび手続で、労働条件の変更、出向、転籍、配置転換等の労働契約の展開を含め、労働契約に係る制度全般のあり方について、今後引き続き検討していくことが適当であるとされました。また国会でも、平成15年の労働基準法の一部を改正する法律案に対する附帯決議（平成15年６月４日衆議院厚生労働委員会附帯決議、同年同月26日参議院厚生労働委員会附帯決議）などで、「労働条件の変更、出向、転籍など、労働契約について包括的な法律を策定するため、専門的な調査研究を行う場を設けて積極的に検討を進め、その結果に基づき、法令上の措置を含め必要な措置を講ずること」が決議されていました。これらを受けて、前述のとおり、平成16年４月以来、平成17年４月の研究会中間報告を経て、前述の平成17年９月15日付最終報告が示され、同報告を踏まえた分科会での審議が、平成17年10月以降期待されていました。

4｜分科会での審議の推移

(1)　最終報告の位置づけをめぐる対立と白紙からの審議

しかし、すでに、研究会中間報告の段階より、労使双方から、その内容につき厳しい批判が出る中で、それらの批判にさほど拘泥されずに提出された研究会最終報告に対しては、特にその中の、労使委員会制度、解雇の金銭解決、就業規則の位置づけ、自律的労働時間制（いわゆる日本型ホワイトカラー・エグゼンプション制度）等につき、主に労働側委員の猛反対に遭遇し、分科会の審議が空転した末、研究会最終報告を踏まえず、分科会にて新たに労働契約法制の必要性とその内容に関する審議が白紙から行われました。その後、平成18年１月27日に示された「今後の労働時間制度に関する研究会報告書」を踏まえた審議が、平成18年７月中に中間報告を示すべく月２回のハイペースで継続されました。

⑵　分科会での審議の実情

そのような中で、平成18年12月27日の分科会の最終予備日に正式な最終報告（以下、「分科会最終報告」という）が確定されました。その後、分科会最終報告を踏まえつつも、修正が行われたうえで、分科会により、労働契約法案要綱および労働基準法の一部を改正する法律案要綱が、厚労省労基法改正法案要綱には労使双方の代表委員の意見を付記して、平成19年２月２日、正式に厚生労働大臣宛てで答申されました。

5　国会への労働契約法案の上程

⑴　分科会最終報告、各厚労省要綱への閣内調整による大幅な修正での上程

そして、平成19年３月13日付にて、ついに、労働契約法案と労基法改正案が国会に上程されました。しかし、各法案と平成19年２月２日付の厚労省の前記各要綱とを比較すると、後述するように平成19年７月の参議院選挙対策からの政治的配慮と報じられているような、大幅な修正が加えられていたことがわかります。またかかる修正に加え、法技術的な変更や、関連法の改正点や現行法との比較対照表も提出されています。

⑵　提案理由

かくて、国会に労働契約法案が提出された提案理由については、今までの、分科会最終報告などと比較すると大幅な修正が加えられ、次のように、圧縮されたものとなっています。

すなわち、「就業形態の多様化、個別労働関係紛争の増加等に対応し、労働者の保護を図りつつ、個別の労働関係の安定に資するようにするため、労働者及び使用者の自主的な交渉の下で、労働契約が合意により成立し、又は変更されるという合意の原則及び労働契約と就業規則との関係等を定める必要がある。これが、この法律案を提出する理由である」、と。

6 平成24年改正の経緯と概要

(1) 国会での提案理由

国会での提案理由では、「期間の定めのある労働契約について、その締結及び更新が適正に行われるようにするため、期間の定めのある労働契約が一定の要件を満たす場合に、労働者の申込みにより期間の定めのない労働契約に転換させる仕組みを設ける等の必要」に対応したものとされています。

(2) 労働契約法施行通達における改正の趣旨

労働契約法施行通達によれば、改正の趣旨は以下のとおりです。すなわち、「期間の定めのある労働契約（以下「有期労働契約」という。）については、使用者のみならず労働者のニーズもあることから、有期労働契約が良好な雇用形態となるようにすることが重要であるが、その実態をみると、契約の終了場面において紛争がみられるところである。有期労働契約の予期せぬ終了は、有期労働契約により労働する労働者（以下「有期契約労働者」という。）への影響が大きいことから、有期労働契約の終了場面における紛争を防止する必要がある。

このため、法第17条において、契約期間中の解雇及び契約期間についての配慮について規定することにより、有期労働契約の終了場面に関するルールを明らかにしたものであること。

また、有期労働契約は、パート労働、派遣労働を始め、いわゆる正社員以外の多くの労働形態に共通してみられる特徴になっているが、有期労働契約の反復更新の下で生じる雇止めに対する不安を解消していくことや、期間の定めがあることによる不合理な労働条件を是正していくことが課題となっていることに対処し、労働者が安心して働き続けることができる社会を実現するため、有期労働契約の適正な利用のためのルールを整備するものとして、法第18条から第20条までの規定が設けられたものであること」とされています。

上記改正点は、Q28～34を参照してください。

7｜平成30年改正の経緯と概要

平成30年には、働き方改革の総合的かつ継続的な推進のための雇用対策法、長時間労働の是正、多様で柔軟な働き方の実現等のための平成27年改正労働基準法案を廃案として同法案の一部を修正（企画業務型裁量労働制の適用範囲拡大の削除）した内容と、政府の働き方改革実現会議が平成29年３月28日に打ち出した働き方改革実行計画に沿って、時間外限度基準を定める労基法36条や罰則で上限時間の規制を強化した特別条項の内容を合体した労基法とこれに関連した労働安全衛生法、労働時間等設定改善法、雇用形態にかかわらない公正な待遇の確保を目的とし、「同一労働同一賃金ガイドライン案」の確定施行に合わせた労働契約法、パート有期法、労働者派遣法、じん肺法等の８本の法律の一括改正法である「働き方改革を推進するための関係法律の整備に関する法律」が成立し、改正前労働契約法20条が削除され、後述するQ34・Q35のパート有期法８条に統合されました（岩出・大系117頁以下参照）。

（岩出　誠）

Q2 労働契約法の目的（１条）と労働基準法、労働契約法および個別労働関係紛争の解決の促進に関する法律との関係

労働契約法の目的（１条）と労働基準法、労働契約法および個別労働関係紛争の解決の促進に関する法律との関係はどのようになっていますか。

Answer

労働契約法の目的は、「労働者の保護を図りつつ、個別の労働関係の安定に資すること」（1条）と定められています。労働基準法は、罰則をもって担保する労働条件の基準を設定しており、監督官による監督指導および罰則によりその履行が確保されますが、労働契約法については罰則等による履行確保は行われず、民事紛争として、個別労働関係紛争の解決の促進に関する法律によるあっせんや、最終的には訴訟等により、同法の趣旨および内容に沿った合理的な労働条件の決定または変更が確保されます。

解　説

1 目　的

労働契約法の目的は、「労働者の保護を図りつつ、個別の労働関係の安定に資すること」（1条）と定められています。

労働契約法１条は、労働契約等の解釈指針的意味をもちます。労働契約法については、具体的条文ごとに、内容により、その法的性格、義務の程度・内容、強行規定の性格をもつものか否か等の判断が必要となります。このことは現行民法の雇用に関する規定（民法623条～631条）と同様です。

労働契約法１条は、労働契約が合意により成立し、または変更されるという合意の原則、その他労働契約に関する基本的事項として民事的効力を明ら

かにする規定等を定めることにより、労働者および使用者による合理的な労働条件の決定または変更が円滑に行われるようにすることを通じて、労働者の保護を図りつつ、個別の労働者および使用者の間において個別労働関係紛争が生じることのない円滑な関係の維持を図っていくこと、すなわち「労働者の保護を図りつつ、個別の労働関係の安定に資すること」が法の目的であることを規定したものです。同条の「労働者及び使用者の自主的な交渉の下で、労働契約が合意により成立し、又は変更されるという合意の原則」には、労働契約法３条１項の労使対等の原則、同法６条の労働契約の成立についての合意の原則および同法８条の労働契約の変更についての合意の原則が含まれるものです。同法１条の「その他労働契約に関する基本的事項」には、同法３条１項以外の同法１章の労働契約の原則等を定める規定、同法６条および８条以外の同法２章の就業規則と労働契約との法的関係等を定める規定、同法３章の出向、懲戒および解雇に関する権利濫用禁止規定および同法４章の期間の定めのある労働契約に関する規定が含まれます。そして、上記にあげた各条項のような規定を法に定めることにより、同法１条の「合理的な労働条件の決定又は変更が円滑に行われる」ことが促され、個別労働関係紛争が防止されることとなります。このようにして「労働者の保護を図りつつ、個別の労働関係の安定に資する」こととなるものをめざしています（「労働契約法の施行について」第２の１⑵（平成24年８月10日基発0810第２号、最終改正平成30年12月28日基発1228第17号参照））。

2 労働基準法と労働契約法との関係

労働基準法は、罰則をもって担保する労働条件の基準（最低労働基準）を設定しているものですが、労働契約法は、これを前提として、労働条件を定める労働契約について、合意の原則その他基本的事項を規定することで、労働契約に関する民事的なルールを明らかにしているものであり、その締結当事者である労働者および使用者の合理的な行動による円滑な労働条件の決定または変更を促すものです。

また、労働基準法については労働基準監督官による監督指導および罰則により最低労働基準の履行が確保されるものですが、労働契約法についてはそのような履行確保は行われません。法の趣旨および内容の周知により、また個別労働関係紛争の解決の促進に関する法律が規定する総合労働相談コーナーにおける相談、都道府県労働局長による助言および指導、紛争調整委員会によるあっせん等で関係する個別労働関係紛争の防止および早期解決が図られることにより、法の趣旨および内容に沿った合理的な労働条件の決定または変更が確保されることを期するものです（前掲「労働契約法の施行について」参照）。最終的には、訴訟等により、労働契約法の趣旨および内容に沿った合理的な労働条件の決定または変更が確保されることになります（岩出・大系17頁以下参照）。

（岩出　誠）

Q3　労働者の定義・概念

労働者の定義・概念はどのようになっていますか。

Answer

「労働者」とは、使用者に使用されて労働し、賃金を支払われる者をいいます（労働契約法2条1項）。基本的には、労働基準法9条の「労働者」と同じになります。

解　説

1｜労働契約法2条1項の定義規定

労働契約法2条1項で定める「労働者」とは、「使用者」と相対する労働契約の締結当事者であり、「使用者に使用されて労働し、賃金を支払われる者」のすべてが含まれます。

2｜労働契約法2条1項の労働者該当性判断基準

労働契約法2条1項の「労働者」に該当するか否かは、同項に「使用者に使用されて」と規定されているとおり、労務提供の形態や報酬の労務対償性およびこれらに関連する諸要素を総合的に勘案したうえで、使用従属関係が認められるか否かにより判断されます。使用従属関係が認められる場合には、「労働者」に該当します。これは、労働基準法9条の「労働者」の判断と同様の考え方でなされます（岩出・大系12頁以下参照）。

3｜労働基準法の労働者該当性判断基準

したがって、労働基準法上の労働者概念に関する従前の判例・学説の判断基準が、労働契約法上の労働者の画定にも援用されると解されます。そこで、最高裁判例等を踏まえて示され、多くの裁判例の判断枠組みにも利用されている「労働基準法研究会報告（労働基準法の「労働者」の判断基準について）昭和60年12月19日」（以下、「労基研報告」という）を紹介しながら、労働基準法の労働者該当性判断基準を概観しておきます。

⑴　主要な要素としての「使用従属性」に関する判断基準

(A)　「指揮監督下の労働」に関する判断基準

「指揮監督下の労働」に関する判断基準として、①仕事の依頼、業務従事の指示等に対する諾否の自由の有無、②業務遂行上の指揮監督の有無（ⓐ業務の内容および遂行方法に対する指揮命令の有無、ⓑその他、「使用者」の命令、依頼等により通常予定されている業務以外の業務に従事すること等）、③拘束性の有無（勤務場所および勤務時間が指定され、管理されていること。しかしながら、業務の性質上（たとえば、演奏）、安全を確保する必要上（たとえば、建設）等から必然的に勤務場所および勤務時間が指定される場合があり、当該指定が業務の性質等によるものか、業務の遂行を指揮命令する必要によるものかを見極める必要がある）、④代替性の有無―指揮監督関係の判断を補強する要素（労務提供の代替性が認められている場合には、指揮監督関係を否定する要素の一つとなる）が検討されます。

(B)　報酬の労務対償性に関する判断基準

報酬の労務対償性に関する判断基準として、報酬が「賃金」であるか否かによって逆に「使用従属性」を判断することはできません。しかし、報酬が時間給を基礎として計算される等労働の結果による較差が少ない、または欠勤した場合には応分の報酬が控除され、いわゆる残業をした場合には通常の報酬とは別の手当が支給される等、報酬の性格が使用者の指揮監督の下に一定時間労務を提供していることに対する対価と判断される場合、「使用従属性」を補強することとなります。

⑵　「労働者性」の判断を補強する要素

「労働者性」が問題となる限界的事例については、「使用従属性」の判断が困難な場合があり、その場合には、以下の要素をも勘案して、総合判断されます。

⒜　**事業者性の有無**

①機械、器具の負担関係、②報酬の額（報酬の額が当該企業において同様の業務に従事している正規従業員に比して著しく高額であるか否か）に基づき、「事業者性」の有無をあわせて、総合判断されます。

⒝　**専属性の程度**

①他社の業務に従事することが、制度上制約され、また、時間的余裕がなく事実上困難であるか否か、②報酬に固定給部分の有無、③その他（ⓐ採用、委託等の際の選考過程が正規従業員の採用の場合とほとんど同様であること、ⓑ報酬について給与所得としての源泉徴収を行っていること、ⓒ労働保険の適用対象としていること、ⓓ服務規律を適用していること、ⓔ退職金制度、福利厚生を適用していること）等が考慮要素とされます。

⑶　**最近の裁判例**

以上の判断枠組みを用いて労働者性が認められた例として、広島経済技術協同組合ほか（外国人研修生）事件・東京高判平成25・４・25労判1079号79頁、日本インシュアランスサービス事件・福岡高判平成25・２・28判時2214号111頁（保険金支払いに関する専門職スタッフ）、元アイドルほか（グループB）事件・東京地判平成28・７・７労判1148号69頁（芸能タレント）等があり、否定された例として、NHK堺営業センター（地域スタッフ）事件・大阪高判平成28・７・29労判1154号67頁、日本相撲協会事件・東京地判平成30・８・28判時2393・2394合併号49頁（コンサルタント）、ベルコ事件・札幌地判平成30・９・28労判1188号５頁（代理店主）等があります。

4｜民法上雇用、請負や委任との関係

民法623条の「雇用」における「労働に従事する」者は、労働契約法２条１項の「労働者」に該当するものと解されています。また、民法632条の「請負」、同法643条の「委任」または非典型契約で労務を提供する者であっても、契約形式にとらわれず実態として使用従属関係が認められる場合に

は、労働契約法２条１項の「労働者」に該当するものと解されます（「労働契約法の施行について」第２の２⑵(ウ)（平成24年８月10日基発0810第２号、最終改正平成30年12月28日基発1228第17号参照））。

5 労働契約法２条１項の賃金

労働契約法２条１項の「賃金」とは、賃金、給料、手当、賞与その他名称のいかんを問わず、労働の対償として使用者が労働者に支払うすべてのものをいいます。これは、労働基準法11条の「賃金」と同義と解されています。すなわち、労働基準法上の労働者に課されている「事業に使用される」という要件が、労働契約法（２条１項）では「使用者に使用され」となっている点を除き、基本的に労働基準法と労働契約法で労働者の定義規定は変わりません。そのため労働基準法上の労働者の判断基準は、労働契約法の労働者性判断においても一般的に妥当すると考えられています（前掲「労働契約法の施行について」）。

6 労働基準法上の労働者概念と労働組合法上の労働者概念との差異

労働者の概念は、理論的には個々の労働関係法規の趣旨・目的に応じてその範囲を画定することも考えられます。しかし、多くの個別的労働関係法が労働基準法と密接な関係をもって制定された経緯や、労働基準法から分離独立した経緯等から、個別的労働関係諸法における労働者概念は、労働基準法の労働者概念で統一的に解されています。他方、集団的労働関係法上の労働者概念は労働組合法上の労働者概念でとらえられています。そして、両者は労働基準法と労働組合法における労働者の定義規定の違いもあり、必ずしも一致しないと解されています（労使関係法研究会「労使関係法研究会報告書（労働組合法上の労働者性の判断基準について）」平成23年７月（以下、「労使報告」という）参照）。

職場における労働条件の最低基準を定めることを目的とする労働基準法上の労働者は、同法が定める労働条件による保護を受ける対象を画定するための概念であり、同法９条により事業または事務所に使用される者で、賃金を支払われる者と定義されています。そして、多くの労働保護法、たとえば、最低賃金法２条１号などは、明示的に、当該法律における労働者を、労働基準法９条に規定する労働者をいうと定義しています。なお、労働契約の基本的な理念および労働契約の成立や変更等に関する原則を定めることを目的とする労働契約法上の労働者は、労働契約の当事者として同法が定める労働契約の法的ルールの適用対象となる者を画定するための概念であり、同法２条１項により使用者に使用されて労働し、賃金を支払われる者と定義されています。

他方、労働組合法３条の「労働者」の定義には、「使用され」という要件が含まれていないため、失業者であっても、「賃金、給料その他これに準ずる収入によつて生活する者」である以上は、同法の「労働者」に該当し、同法の保護を受ける職業別労働組合や産業別労働組合等の構成員となることができます。また、同法は、「労働者が使用者との交渉において対等の立場に立つことを促進することにより労働者の地位を向上させること」を主旨とし、その労使対等の交渉を実現すべく、団体行動権の保障された労働組合の結成を擁護し、労働協約の締結のための団体交渉を助成することを目的としています（労働組合法１条参照）。これらのことからすれば、同法における労働者は、主体となって労働組合を結成する構成員として（労働組合法２条参照）、使用者との間で団体行動権の行使を担保とした団体交渉法制による保護が保障されるべき者を指すと解されます。

したがって、労働組合法における労働者については、労働条件の最低基準を実体法上強行的に、罰則の担保を伴って設定する労働基準法上の労働者や、労働契約における権利義務関係を実体法上設定し、かつ一部に強行法規を含んだ労働契約法上の労働者とは異なり、団体交渉の助成を中核とする労働組合法の趣旨に照らして、団体交渉法制による保護を与えるべき対象者という視点から検討すべきこととなります（労使報告２参照）。

以上を踏まえて労働組合法における労働者性を肯定した判例としては、

CBC管弦楽団労組事件・最一小判昭和51・５・６民集30巻４号437頁、国・中労委（INAXメンテナンス）事件・最三小判平成23・４・12労判1026号27頁、国・中労委（新国立劇場運営財団）事件・最三小判平成23・４・12民集65巻３号943頁等があります（岩出・大系581頁以下参照）。

（岩出　誠）

Q4　使用者の定義・概念

労働契約法上の使用者とはどのようなものですか。

Answer

労働契約法上の使用者とは、「その使用する労働者に対して賃金を支払う者」と定められており（労働契約法２条２項）、「労働者」と相対する労働契約の締結当事者です。したがって、個人企業の場合はその企業主個人を、会社その他の法人組織の場合はその法人そのものをいいます。

解　説

1　労働契約法上の使用者

労働契約法上の使用者とは、「労働者」と相対する労働契約の締結当事者であり、「その使用する労働者に対して賃金を支払う者」をいうものと定められています（労働契約法２条２項）。したがって、個人企業の場合はその企業主個人を、会社その他の法人組織の場合はその法人そのものをいいます。

通常はその範囲を議論する必要はないのですが、企業経営のグループ化、アウトソーシング等の拡大に伴い、労働契約上の使用者についても、一定の場合、例外的ではありますが、親会社・元請・派遣先・事業譲渡先等のように、直接的な労働契約を超えて使用者が拡大することがあり得ます（使用者概念の拡大）。この現象は、労働契約法上でも起こり得ますが、特に、後述のように労働基準法、労働組合法の適用対象の画定に関して起こることがあります（岩出・大系13頁以下参照）。労働基準法上の使用者は後述２のように「労働契約上の当事者たる使用者」の規定により、企業内で現場の管理監督者等に拡大するばかりでなく、他企業に及ぶ場合もあります。同様なことは、後述３のように労働組合法上の使用者にもいえます。特に、団交義務の範囲などでは、親会社・元請・派遣先等のように労働契約を超えて拡大することがあります（岩出・大系629頁以下参照）。

2 労働基準法上の使用者との相違

労働契約法上の使用者は、労働基準法10条の「事業主」に相当するものであり、同条の「使用者」より狭い概念となっています。

⑴　使用者概念の多様性

労働基準法10条における「事業主」とは、事業経営主体の意で、個人企業であれば企業主であり、法人企業であれば法人となりますが、法人は両罰規定（同法121条）によってのみ処罰されます。また、「経営担当者」とは、法人の理事、会社の役員、支配人などをいい、「事業主のために行為をするすべての者」とは、各条に定める労働者に関する事項についての実質的権限（指揮監督・決定権限）を有する者（実質的責任者）をいい（昭和22年９月13日発基17）、これが満たされる限り、設備改善のための費用の支出権限等の存否は問われません（入善町役場事件・最二小決昭和47・２・10刑集26巻１号52頁）。以上のように、労働基準法上の「使用者」は、労働契約当事者としての「使用者」とは異なり、あくまで同法上の概念であり、労働基準法の各条の趣旨・目的等から、具体的な諸事情・当該労働者等の地位・権限等に応じて確定されます。たとえば、労働基準法で定義された「労働者」（９条）に該当する者も、その者が同時に「使用者」として処罰されることも、また、その逆に、「使用者」とされる者が「労働者」としての保護を受けることもあり得ます（秋北バス事件・仙台高秋田支判昭和39・10・26労民15巻５号1137頁等）。

⑵　重層的下請構造下での使用者

土木・建築事業の数次請負の場合、災害補償については、労働基準法87条でその元請負人を「使用者」とみなす旨が定められており、これは、一般には、労働基準法上の災害補償に係る「使用者」責任についての、特別なみなし規定とされています（萩澤清彦『労働基準法（上）』（青林書院、1996年）75頁等）。しかし、元来、同法上の使用者概念は、各条の趣旨・目的等から、具体的な諸事情・当該労働者等の地位・権限等に応じて確定されていくもので、使用者が労働契約当事者間に限定されないことは、上記の数次請負の災害補償以外の事例にもあてはまります。たとえば、実質的な使用従属関係が及ぶ限り、下請労働者に対して元請業者の現場監督も、「事業主のために行為をするすべての者」にあたる者として、使用者となり得ます（河村産業事件・最二小判昭和48・３・９労働法令通信26巻15号８頁、名古屋高判昭和47・２・28判時666号94頁等。岩出・大系15頁参照）。

3｜労働組合法上の使用者

朝日放送事件・最三小判平成７・２・28民集49巻２号559頁（以下、「朝日放送事件最高裁判決」という）は、「雇用主以外の事業主であっても、雇用主から労働者の派遣を受けて自己の業務に従事させ、その労働者の基本的な労働条件等について、雇用主と部分的とはいえ同視できる程度に現実的かつ具体的に支配、決定することができる地位にある場合には、その限りにおいて、右事業主は同条の『使用者』に当たるものと解するのが相当である」と判示しました。

留意すべきは、朝日放送事件最高裁判決の判断の対象が、「現実的かつ具体的に支配、決定することができる地位にある場合には、その限りにおいて」発生する部分的使用関係での団交義務である点です。朝日放送最高裁事件判決は、現在でいえば、偽装請負状態下での派遣先たる発注主の部分的団交義務の存否に関する判断基準です。しかし、その影響力は大変大きく、派遣先のみならず、親会社、元請、注文主、重要取引先等、要するに直接の雇用関係がない場合の労働組合法上の使用者性判断基準として定着し、より拡大、深化しています。なお、近時の裁判例の中には、「現実的具体的労働条件支配関係」基準を踏まえつつ、有力学説の影響を受けてか、「雇用主と一定の密接な関係を有しており、当該労働契約関係に近似ないし隣接した関係を有する者」か否かという基準を用いる例も現れていますが、実態的判断要素の内容には変化がないと解されます（岩出・大系631頁参照）。

（岩出　誠）

第2章

労働契約に関する基本原則等

Q5　労働条件の決定・変更についての労使対等の原則

労働条件の決定・変更についての労使対等の原則とはどのようなものですか。

Answer

労働契約法３条１項では、「労使対等の原則」を規定し、労働契約の基本原則を確認しています。これは、労働条件の決定について労働者と使用者が対等の立場に立つべきことを規定した労働基準法２条１項と同様の趣旨を確認したもので、いわゆる訓示規定にすぎないと解されています。

解　説

労働契約法３条全体が、労働契約の基本的な理念および労働契約に共通する原則を明らかにしたものであると解されています。その中で、まず、労働契約法３条１項の労使対等の原則がおかれた趣旨は以下のような理由によります。すなわち、当事者の合意により契約が成立し、または変更されることは、契約の一般原則ですが、個別の労働者および使用者の間には、現実の力関係の不平等が存在しています。このため、労働契約法３条１項は、労働契約を締結し、または変更するにあたっては、労働契約の締結当事者である労働者および使用者の対等の立場における合意によるべきという「労使対等の原則」を規定し、労働契約の基本原則を確認したものと解されています。これは、労働条件の決定について労働者と使用者が対等の立場に立つべきことを規定した労働基準法２条１項と同様の趣旨です（「労働契約法の施行について」第２の３⑵（平成24年８月10日基発0810第２号、最終改正平成30年12月28日基発1228第17号））。ですので、いわゆる訓示規定にすぎないと解されています（岩出・大系18頁以下参照）。

（岩出　誠）

Q6 就業実態に応じた均衡考慮の原則

就業実態に応じた均衡考慮の原則（労働契約法３条２項）とは、どのようなものですか。

Answer

労働契約法３条２項では、「均衡考慮の原則」を規定しています。これは、労働契約の締結または変更にあたり、均衡を考慮することが重要であることから、労働契約の締結当事者である労働者および使用者が、労働契約を締結し、または変更する場合には、就業の実態に応じて、均衡を考慮すべきとするものです。

解　説

1 均衡と均等の意義

均衡考慮の原則において用いられる均衡と均等の相違については、短時間労働者及び有期雇用労働者の雇用管理の改善等に関する法律（以下、「パート有期法」という）８条とも関連しており、「就業の実態、通常の労働者との均衡等を考慮」（後述のQ38・Q39参照）とは、たとえば非正規労働者の業務の内容、配置転換の有無、契約期間、勤続年数、経験、職業能力などを個別に判断するのでなく、これらの就業の実態を総合的に勘案し、非正規労働者と正規労働者とを比較したときのバランスを考慮して処遇することをいいます（「労働契約法の施行について」第２の３(3)（平成24年８月10日基発0810第２号、最終改正平成30年12月28日基発1228第17号）参照。以下につき、岩出・大系18頁以下参照）。

2｜均衡考慮の原則の法的意義・性格・効力

均衡考慮の原則の法的意義、性格については、議論が分かれていますが（岩出・大系19頁参照）、筆者は、以下のように解しています。すなわち、労働契約法３条２項にある「変更すべきものとする」という部分の意味が問われます。「するものとする」であれば「せねばならない」との意味で実施義務となります。「努めるものとする」とすれば明らかに努力義務です。一方で、後述の安全配慮義務（同法５条）のような配慮義務規定（Q11参照）とも異なっています。他方で、労働基準法２条１項の「決定すべきものである」との措辞は「すべきものとする」と近く、同条に関してはいわゆる訓示規定であると一般に解されていることからすると（東京大学労働法研究会『注釈労働基準法（上）』（有斐閣、2003年）67頁〔山川隆一〕等参照）、労働契約法３条２項も訓示規定にすぎないと解されやすいでしょう。しかし、労働契約の実態、かつ、後述（Q38・Q39）のパート有期法８条「不合理な労働条件の禁止」との整合性、バランスからは、単なる訓示規定にとどまらず、均衡考慮の総則的規定として、労働契約や就業規則等に関する１つの解釈指針としての効力を有するものと解されます（労働契約法３条２項の意義を拡大して、「同一の業務に就いている正社員と『臨時社員』につき、客観的に十分に均衡を考慮しうるのにこれを一切無視して労働契約内容が変更されたような場合などには、本項の観点から変更が認められないという結果もありうる」との指摘がありました。しかし、そこまでは解されず、それは、労働契約法10条の合理性判断における「変更後の就業規則の内容の相当性」の内容として（Q19参照）、労働契約法３条２項が間接的に考慮されることがあり得るのにすぎないと解されます）。

3｜均等待遇の理念と均衡考慮の原則

裁判例でも、丸子警報器事件・長野地上田支判平成８・３・15労判690号32頁を除いては均等待遇の理念を認めていません（日本郵便逓送事件・大阪地判平成14・５・22労判830号22頁、大阪初芝学園（幼稚園教諭・賃金合意）事件・

大阪高判平成19・9・27労判954号50頁等)。しかし、このような均衡待遇等に関する条文がない場合に比すれば、裁判所が、労働契約法3条2項を利用することは理論的にはあり得ます。

たとえば、この原則を踏まえたいすゞ自動車(期間労働者・仮処分)事件・宇都宮地栃木支決平成21・5・12労判984号5頁では、使用者の休業処分(休業命令)による労務提供の受領拒絶を正当化するには、「合理性」が要件になるとし、その「合理性」については、有期契約労働者と正社員との間の均衡配慮や、組合等との交渉の状況等を考慮したうえで判断するとしました。あてはめでは、休業手当として有期契約労働者が賃金の6割を支給されていたのに対して、正社員は10割支給されていたという格差を、労働契約法3条2項の均衡配慮の原則に照らして違法とし、契約期間中の賃金全額の仮払請求が認められました(現在ではパート有期法8条による処理が可能と解されます)。また、京都市女性協会事件・京都地判平成20・7・9労判973号52頁が、憲法14条と労働基準法4条の根底にある均等待遇の理念等、および労働契約法等が制定されたことを考慮すると、(公序というか否かはともかく)旧パートタイム労働法9条(現行パート有期法9条)に反し、当該労働に対する賃金が相応の水準に達していないことが明らかで、かつ、その差額を具体的に認定し得るような特段の事情がある場合、当該賃金処遇は均衡処遇の原則に照らして不法行為を構成する余地があるとしました。同事件・大阪高判平成21・7・16労判1001号77頁も基本的にこれを維持しました。逆に、専門職と事務・技能職との間に賃金格差が生じても均等処遇の原則に違反しないとされた例としてエクソンモービル事件・東京高判平成24・3・14労判1057号114頁があります。

(岩出　誠)

Q7　仕事と生活の調和への配慮の原則

仕事と生活の調和への配慮の原則（労働契約法３条３項）とは、どのようなものですか。

Answer

労働契約法３条３項では、「仕事と生活の調和への配慮の原則」を規定しています。これは、近年、仕事と生活の調和が重要となっていることから、この重要性があらためて認識されるよう、労働契約の締結当事者である労働者および使用者が、労働契約を締結し、または変更する場合には、仕事と生活の調和に配慮すべきとするものです（「労働契約法の施行について」第２の３(4)（平成24年８月10日基発0810第２号、最終改正平成30年12月28日基発1228第17号））。

解　説

1　仕事と生活の調和（ワーク・ライフ・バランス）への配慮の原則

仕事と生活の調和（ワーク・ライフ・バランス。以下、「WLB」という）への配慮の原則をうたう労働契約法３条３項の法的意義についても、その文理からは、前述Q６の均衡考慮の原則と同様、訓示規定、解釈指針にとどまるものと解される余地が大きいと考えられますが、裁判所に与える影響も同様です（岩出・大系19頁以下参照）。

2　転勤命令の有効性判断要素としての機能

労働契約法３条３項の意義を拡大して、「本項の新設により、就業規則などであまりにも家庭生活に配慮を欠いた規定があってその適用を拒否する労働者が出現したというような場合には、その規定の拘束力が否定されることもありうる」との指摘もありましたが（野川忍『わかりやすい労働契約法〔第２版〕』（商事法務、2012年）90頁）、そこまで解するのは困難でしょう。それは、前述Ｑ６の均衡考慮義務と同様に、労働契約法10条の問題の合理性判断における「変更後の就業規則の内容の相当性」の内容として（Q19参照）、労働契約法３条３項が間接的に考慮されることがあり得るにすぎないものと解されます。特に、政府の「仕事と生活の調和（ワーク・ライフ・バランス）憲章」および内閣府「仕事と生活の調和推進のための行動指針」（2017年12月16日公表、最終改訂2016年３月７日）などにより、政労使が一体となってWLBの推進を社会に要請している状況を踏まえると、転勤を断れなかった場合の子の教育や共稼ぎ夫婦が単身赴任となるなどの問題についても、従来のように単純に「通常甘受すべき程度」とは評価されない可能性が高まります。

法的には、転勤命令が、単身赴任手当の支給の有無やその額、単身赴任した場合の帰郷旅費の支給の有無やその額、転勤先の居住先確保措置、子の教育、配偶者との同時の転勤や転職支援措置等につき全く配慮していない場合、権利濫用（労働契約法３条５項）として無効とされる可能性が大きくなったといえるでしょう。たとえば、労働契約法３条３項のWLB原則をも考慮し、転勤命令無効を導いた仲田コーティング事件・京都地判平成23・９・５労判1044号89頁があります。なお、ネスレジャパンホールディング（配転本訴）事件・神戸地姫路支判平成17・５・９労判895号５頁等が、転勤命令につき、傍論的判示ながら、育児・介護休業法26条の配慮義務を引用していたことも参考になります。

（岩出　誠）

Q8 信義則・権利濫用禁止

信義則・権利濫用禁止（労働契約法３条４項・５項）とはどのようなものですか。

Answer

労働契約法３条４項で信義則が、同条５項で権利濫用の禁止が定められています。４項については、労働基準法２条２項から「労働協約、就業規則及び」が削除されただけにすぎず、民法１条２項の信義則の規定が労働契約でも重要な役割を果たすことを具体的に確認したものです。労働契約法３条５項は、民法１条３項の権利濫用の禁止が、労働契約上の労使双方の権利行使にあたっても適用され、信義則と同様、重要な役割を果たすことを具体的に確認したものです（「労働契約法の施行について」第２の３⑸・⑹（平成24年８月10日基発0810第２号、最終改正平成30年12月28日基発1228第17号））。

解　説

1 意　義

労働契約法３条４項・５項の趣旨については上記Answerで述べたとおりですが、結局、これらの条項の法的意義は、民法の総則規定と同様の確認的規定ないし解釈指針を示すものと解され、その限りで、権利濫用等に基づき、使用者の命令を無効としたり、違法とする効力はありますが、それ以上にこれらに独自の創設的な法的意義や効果をあまり見出すことはできないものと解されます（岩出・大系20頁参照。なお、菅野和夫『労働法〔第11版補正版〕』（弘文堂、2017年）146頁が、「就業規則の合理的解釈の根拠となる点で大きな実際的意義がある」とする点には疑問があったところ、同書12版（2019年）153頁では、上記表記はなくなりました）。

2 労働契約法の優先的適用

いずれにしろ、独自の権利濫用法理が定められた、出向（労働契約法14条。Q24参照）、懲戒（同法15条。Q26参照）、解雇（同法16条。Q27参照）以外の、転勤、人事考課等一切の労働契約法適用対象下にある個別的労使関係においては、民法の特別法たる労働契約法３条５項が、権利濫用法理として優先的に適用されるものと解されます。これは、組合が関与する配転問題等においても同様です。そうだとすると、「労働契約に基づく権利の行使」ではない、純粋に組合と使用者の争議行為や労働協約の適用等をめぐる労働組合法上の権利行使については、一般法理である民法１条３項の権利濫用の禁止により規制されるものと解されます。

（岩出　誠）

Q9 労働契約内容の理解促進義務等

労働契約内容の理解促進義務等（労働契約法４条１項）とはどのようなものですか。

Answer

労働契約法４条１項で労働契約内容の理解促進義務等が定められています。本項による使用者の理解促進義務は、現実に労使間において情報の質、量、交渉力に格差がある状況の下で、労使合意が適切になされるには、使用者が提示する労働条件について、その内容を労働者が理解できるようにすることが必要で、労働契約締結後にその内容を誠実に履行するにあたっても同様であるため、使用者に契約内容について労働者の理解を深めるべきとする義務を課したものです。

解　説

1 趣　旨

労働契約は、労働契約の締結当事者である労働者および使用者の合意のみにより成立する契約（諾成契約）ですが、契約内容について労働者が十分理解しないまま労働契約を締結または変更し、後にその契約内容について労働者と使用者との間において認識の齟齬が生じ、これが原因となって個別労働関係紛争が生じていることがあります。労働契約の内容である労働条件については、労働基準法15条１項により締結時における明示が義務づけられていますが（募集段階の明示義務の強化につき、岩出・大系69頁以下参照）、個別労働関係紛争を防止するためには、同項により義務づけられている場面以外においても、労働契約の締結当事者である労働者および使用者が契約内容について自覚することにより、契約内容があいまいなまま労働契約関係が継続することのないようにすることが重要です。そこで、労働契約法４条において、労働契約の内容の理解の促進について規定したものです（「労働契約法の施行について」第２の４⑴（平成24年８月10日基発0810第２号、最終改正平成30年12月28日基発1228第17号）。以下につき、岩出・大系20頁以下参照）。

2 法的意義・効果

労働契約法４条１項による使用者の理解促進義務は、前述のように、現実に労使間において情報の質、量、交渉力に格差がある状況の下で、労使合意が適切になされるには、使用者が提示する労働条件について、その内容を労働者が理解できるようにすることが必要で、労働契約締結後にその内容を誠実に履行するにあたっても同様であるため、使用者に契約内容について労働者の理解を深めるべき義務を課したものです。具体的な義務の内容に関しては、労働契約の内容について労働者に対し情報を提供することや、労働者からの質問について誠実に回答すること等が考えられますが、労働契約の内容等により必要となる情報提供義務の具体的な内容は千差万別であるため、「労働者の理解を深めるようにする」という書き方とされました。いずれにしても「労働者の理解を深めるようにする」ことは、具体的な権利義務を設定するものではなく、いわば努力義務に近い緩やかな規範たる訓示的規定で（N社事件・東京地判平成26・８・13労経速2237号24頁）、ここから、情報開示の法的履行請求権や、説明義務違反による損害賠償の根拠となるような情報提供・開示義務などは直ちには導かれません（岩出・大系21頁以下参照）。

裁判例においては、株式会社明治事件・東京高判平成26・10・23労判1111号73頁が、定年退職者向けセミナーで使用されたテキストの内容や分量からすると一般常識を兼ね備えた社会人が当該テキストを読めば、年金制度の違いについて理解することは可能で十分な説明を行ったとして、説明義務違反を否定しています。

他方、希望退職条件をめぐる説明の程度が問題となり、その義務が否定された東邦生命保険（退職年金等請求）事件・東京地判平成17・11・２労判909

号43頁のような事案において、労働契約法の施行後は微妙な影響を受ける可能性があり、文理上の均衡配慮義務等での「すべきものとする」よりは強い効果を示唆する「するものとする」との措辞からも、説明義務を導きやすくなることが想定できます。同様の現象として、労働契約法４条１項の直接的な効果としてではありませんが、募集・採用時における信義則上の説明義務違反をめぐるオプトエレクトロニクス事件・東京地判平成16・６・23労判877号13頁等のような事案で、信義則上の義務の内容を補強・強化する効果や、また、後述（Q14参照）の７条の就業規則の実質的周知の内容や、10条の不利益変更の際の合理性判断要素のうちの「労働組合等との交渉の状況その他の就業規則の変更に係る事情」の内容・程度を高める効果を有すると解されます。

この中で、住友不動産販売事件・東京地判平成21・２・27労判984号92頁は、労働基準法106条１項の周知義務との関係で、使用者の義務は計算に必要な資料の提供にとどまり、退職金試算請求権はないとしています。

（岩出　誠）

Q10 労働契約の書面化義務

労働契約の書面化義務（労働契約法４条２項）とはどのようなものですか。

Answer

労働契約法４条２項で労働契約の書面化義務が定められています。これは、労働者および使用者は、労働契約の内容について、できる限り書面で確認することについて規定したものです。

解　説

1 適用場面・範囲

労働契約法４条２項は、労働契約が締結または変更されて継続している間の各場面が広く含まれるものです。これは、労働基準法15条１項により労働条件の明示が義務づけられている労働契約の締結時より広いものとなっています。

労働契約法４条２項の「労働契約の内容」については、有効に締結または変更された労働契約の内容をいうものです。

労働契約法４条２項の「（期間の定めのある労働契約に関する事項を含む。）」の意味は、期間の定めのある労働契約が締結される際に、期間満了時において、更新の有無や更新の判断基準等があいまいであるために個別労働関係紛争が生じていることが少なくないことから、期間の定めのある労働契約について、できる限りその内容を書面により確認することが重要であることを明らかにしたものです。「期間の定めのある労働契約に関する事項」は、労働基準法施行規則５条において、労働契約の締結の際に使用者が書面により明示しなければならないこととされている更新の基準にも含まれています。なお、労働契約法４条１項等同法の他の規定における「労働契約の内容」についても、期間の定めのある労働契約に関する事項は含まれます（「労働契約法の施行について」第２の４(3)（平成24年８月10日基発0810第２号、最終改正平成30年12月28日基発1228第17号）。以下につき、岩出・大系21頁以下参照）。

2｜法的意義・効果

労働契約法４条２項は、使用者に書面化義務を定めています。この書面化義務は、契約の締結または更新時に労働契約の内容について未確認であったために生じる無用なトラブルを防止するために、できるだけその内容を書面で確認することを求めることで労使双方の納得性を高める趣旨で、それぞれの場面において、必要に応じ、可能な範囲で「書面による確認」が考慮されます。なお、定期昇給の内容など、労働条件が定期的に変更され、一定程度予測可能性が期待できるものや、労使交渉を経て決められるもの等については、書面で確認することについて必ずしも考慮が求められるものではありません。また、労働契約締結時においては、すでに労働基準法15条により書面による明示が義務づけられており、労働契約法における書面による明示の規定は、契約の変更時についてもその内容を書面で確認することが望ましいことを示すものです。また、「できる限り」との措辞からも、この義務違反が直ちに損害賠償や文書提出義務等を根拠づけることにはならないことが読み取れます。

裁判例として、中部カラー（退職金等請求）事件・東京高判平成19・10・30労判964号72頁は、就業規則の有効性判断にあたり文書等を含めた説明を重視しており（全従業員に対し制度変更の必要性、新制度の概要、従業員にとってのメリット、デメリットなどを記載した説明文書等を一切配布・回覧しておらず、従業員が旧制度から新制度への変更内容を直ちに理解することは困難で、会社には、説明文書を用意したうえで、それを配布するか回覧に供するなどし、さらに必要に応じて説明会を開催することが使用者として当然要求されるのに、そのような努力を何ら払っていないなどから従業員に対し実質的周知がされたとはいえないとしています)、留意すべきです（岩出・大系43頁以下参照)。

（岩出　誠）

Q11 安全配慮義務

安全配慮義務（労働契約法５条）とはどのようなものですか。

Answer

労働契約法５条は、労働者は、使用者の指定した場所に配置され、使用者の供給する設備、器具等を用いて労働に従事するものであることから、労働契約の内容として具体的に定めずとも、労働契約に伴い信義則上当然に、労働契約上の付随的義務として当然に、労働者を危険から保護するよう配慮すべき安全配慮義務を負っていることを規定したものです。

解　説

1 使用者の安全配慮義務の明文化の趣旨

労働契約法５条で立法上明文化された安全配慮義務が労働契約に基づく使用者の付随的義務であることについては、最高裁判例上確立しています（以下につき、岩出・大系441頁以下参照）。しかし、「労働契約法の施行について」第２の５⑴（平成24年８月10日基発0810第２号、最終改正平成30年12月28日基発1228第17号）も指摘しているように、一般の労使に対して十分に周知されているとはいいがたく、労働契約において使用者側に付随的に課される安全配慮義務を講じないことにより債務不履行責任を追及され、事後的に不測の事態が生ずるおそれがあります（川義事件・最三小判昭和59・４・10民集38巻６号557頁（のぞき窓、インターホン、防犯チェーン等の盗賊防止のための物的設備、宿直員の増員などの措置を講じてさえいれば、使用者の責任が問われることはなかった）、リサイクルショップ事件・東京高判平成18・５・10判時1941号168頁（夜間店舗荒らしの事件に同義務違反を認定）等)。そこで、使用者が安全配慮義務を負うことを周知すべく、労働契約法５条において、労働契約関係に入った使用者が安全配慮義務を負うという一般的なルールが、判例法理に則ってルール化されました。なお、使用者の安全配慮義務の具体的内容は、「労働者の職種、労務内容、労務提供場所等」（前掲「労働契約法の施行について」第2の5(2)エ）安全配慮義務が問題となる当該具体的状況等によって異なり、個別の事案により適切な範囲で具体的義務内容が画定されます（七十七銀行事件・仙台地判平成26・2・25判時2217号74頁（「企業のみが考え得る最悪の事態を常に想定して行政機関よりも高い安全性を労働者に対して保障すべきであるとまではいえず、当該具体的状況に応じて合理的な防災対策や避難行動を取ることで足りる」などとして義務違反を否定。仙台高判平成27・4・22労判1123号48頁も同旨で維持））。

なお、筆者は、労働者の安全配慮義務・自己健康管理義務について、現在の判例・裁判例（自衛隊車両整備工場事件・最三小判昭和50・2・25民集29巻2号143頁は、「安全配慮義務は、……当該法律関係の付随義務として当事者の一方又は双方が相手方に対して信義則上負う義務として一般的に認められるべきもの」として、明確に労使双方の義務としてそれを構成しています）や安全衛生法等の解釈から、理論上存在するとの立場をとっています（岩出・大系332頁参照）。

2 労働契約法の基礎となった最高裁判例法理上の安全配慮義務

(1) 最高裁判例法理の概要

最高裁判例法理においては、「雇傭契約は、労働者の労務提供と使用者の報酬支払をその基本内容とする双務有償契約であるが、通常の場合、労働者は、使用者の指定した場所に配置され、使用者の供給する設備、器具等を用いて労務の提供を行うものであるから、使用者は、右の報酬支払義務にとどまらず、労働者が労務提供のため設置する場所、設備もしくは器具等を使用し又は使用者の指示のもとに労務を提供する過程において、労働者の生命及び身体等を危険から保護するよう配慮すべき義務（以下「安全配慮義務」という。）を負っているものと解するのが相当である」として、使用者の安全配慮義務が認められています（前掲川義事件・最三小判昭和59・4・10）。

⑵　消滅時効・主張立証責任・損害の範囲等

労災民事賠償事件で、最初に不法行為責任との対比で安全配慮義務の差異が説かれたのは消滅時効の点で、不法行為では原則３年の時効が（民法724条）、債務不履行責任であれば10年に延長される点でした（前掲自衛隊車両整備工場事件・最三小判昭和50・２・25は民法167条の適用例）。しかし、令和２年４月１日施行の改正民法では、生命・身体の侵害についての損害賠償請求権については、主観的起算点から５年間（改正民法724条の２。現行の３年間よりも長く被害者を保護）、客観的起算点から20年間になります（原則どおり）。一方で、債務不履行による損害賠償請求権については改正民法166条が適用され、主観的起算点から５年間、客観的起算点から10年間の時効期間となり、人の生命・身体の侵害についての損害賠償請求権の客観的起算点については特例により20年間の時効期間としました（改正民法167条）。つまり、人の生命・身体の侵害の場合、不法行為と債務不履行の損害賠償請求権の消滅時効期間は同じになっています（日本弁護士連合会編『実務解説・改正債権法』（弘文堂、2017年）70～74頁参照）。

次に、過失等の主張立証責任の軽減が期待されましたが、この点に関しては、安全配慮義務が事故発生自体を防止すべき「結果債務」ではなく（これに近い典型例が商法577条、590条の運送契約上の損害賠償責任で、事故発生という結果が出れば責任発生となるという意味です）、事故発生防止への手段を尽くすべき義務たる「配慮債務」であると解されているところから（岩出・大系442頁参照）、判例上も、「安全配慮義務に違反し、……生命、健康等を侵害し、同人に損害を与えたことを理由として損害賠償を請求する訴訟において、右義務の内容を特定し、かつ、義務違反に該当する事実を主張・立証する責任は、……義務違反を主張する原告にある」とされ（航空自衛隊芦屋分遣隊事件・最二小判昭和56・２・16民集35巻１号56頁）、労働者が主張立証すべき使用者の過失等の事実は、不法行為に基づく損害賠償を請求する場合とほとんど差異がないことが確認されています（損害賠償請求事件・最二小判平成24・２・24判時2144号89頁は「労働者が主張立証すべき事実は、不法行為に基づく損害賠償を請求する場合とほとんど変わるところがない」と明言しています)。

さらに、損害の範囲において債務不履行責任の場合は、遺族固有の慰謝料は認められず（民法711条参照)、遅延損害金の起算点は請求の日の翌日からとなっており（大石塗装・鹿島建設事件・最一小判昭和55・12・18民集34巻７号888頁。不法行為では事故の日から)、訴訟のための弁護士費用については債務不履行も不法行為も同じように認められています（前掲損害賠償請求事件・最二小判平成24・２・24は、上記の主張立証責任の近似性を踏まえ、「訴訟追行を弁護士に委任した場合には、その弁護士費用は、事案の難易、請求額、認容された額その他諸般の事情を斟酌して相当と認められる額の範囲内のものに限り、上記安全配慮義務違反と相当因果関係に立つ損害」としています)。

3 安全配慮義務と労働安全衛生法上の安全管理義務との関係

(1) 労働安全衛生法上の安全管理義務との関係

安全配慮義務と労働安全衛生法上の安全管理義務とはどのように異なるのでしょうか。労働安全衛生法は、「快適な職場環境の形成を促進すること」を目的として掲げており（１条)、労働者が作業に従事するにあたっての安全・衛生および、労働者が生活時間の多くをすごす職場について、疲労やストレスを感じることが少ない快適な職場環境としていくことが法の趣旨です。これに対して、前掲川義事件・最三小判昭和59・４・10において、使用者の安全配慮義務とされたのぞき窓、インターホン、防犯チェーン等の盗賊防止のための物的設備、宿直員の増員などの措置は、一般的な防犯の類の義務であり、労働安全衛生法上使用者が負う義務とはしがたいものです。このように、労働安全衛生法上の義務は作業環境や職場環境を主眼におくものであり、使用者が労働契約に基づく付随的な義務として負う安全配慮義務は、より広い射程をもつと考えられています（この点で、佃運輸事件・神戸地姫路支判平成23・３・11労判1024号５頁（従業員間の喧嘩行為への対処は安全配慮義務の範疇外である等として、会社の損害賠償義務を否定）は、暴行は、配車に対する抗議からトラブルとなったもので、労災認定されていることも踏まえると、結論には疑問があります。また、T法務局事件・東京地判平成25・2・20労経速2186号23頁（職員間の同棲解消後ストーカー行為があった従業員間の紛争への安全配慮義務違反否定例）は、具体的おそれがある場合は判断が変わるものと解されます）。

(2)　健康配慮義務と安全管理義務との関係

ただし、判例法理上の安全配慮義務の一環たる健康配慮義務の内容をみても、安全配慮義務と労働安全衛生法上の安全管理義務の関係は実質的には相当範囲で重なっています。すなわち、裁判例においても、労働契約上の信義則上の義務の一環たる安全配慮義務の具体的態様として、労働安全衛生法上の健康管理義務を踏まえて、当該職種等の就労条件についての具体的な法規制、現実の労働環境、当該従業員の素因・基礎疾病や発症している疾病の内容と程度に応じて、個別具体的に、特定業務の軽減ないし免除措置を講ずるなどして就労環境を整備すること、そして健康管理の面においても、従業員の健康への一定の配慮ないし把握を行うことなど、相当広範かつ高度な健康配慮義務を措定しています（電通事件・最二小判平成12・3・24民集54巻3号1155頁でも、「労働基準法は、労働時間に関する制限を定め、労働安全衛生法65条の3は、作業の内容等を特に限定することなく、同法所定の事業者は労働者の健康に配慮して労働者の従事する作業を適切に管理するように努めるべき旨を定めているが、それは、右のような危険が発生するのを防止することをも目的とするものと解される。これらのことからすれば、使用者は、その雇用する労働者に従事させる業務を定めてこれを管理するに際し、業務の遂行に伴う疲労や心理的負荷等が過度に蓄積して労働者の心身の健康を損なうことがないよう注意する義務を負う」と判示しています）。同様の事情は、その他の健康配慮義務・安全配慮義務の内容を措定する際にも現れています。

たとえば、労災民事賠償事件では安全教育義務の履行が争点となることが多いのですが、裁判例は、企業が、雇入れ、作業内容の変更、危険業務への従事などの際の安全教育、一定の危険業務への免許取得者等以外の就業禁止、中高年齢者・身体障害者などへの就業上の特別の配慮などもしなければならないとされている労働安全衛生法59条、労働安全衛生規則35条の雇入れ時教育、同規則36条の特別教育等の労働者に対する安全教育義務等の定めを引用しつつ、あるいは明示せずともこれらを踏まえて、安全教育義務を民事上の安全配慮義務の一内容としています（日本陶料事件・京都地判昭和58・10・14労判426号64頁、篠田鋳造所事件・名古屋高判昭和58・12・26労判426号40頁、川島コーポレーション事件・千葉地木更津支判平成21・11・10労判999号35頁（「健康・安全教育義務」を怠った安全配慮義務違反を認めた）等)。しかもその際、労働基準法や労働安全衛生法では努力義務規定にすぎないものも安全配慮義務や健康配慮義務の内容とすることが少なくありません（前掲電通事件・最二小判平成12・３・24や空港グランド・サービス・日航事件・東京地判平成３・３・22労判586号19頁（労働安全衛生法71条の２第３号の疲労回復施設の設置努力義務が健康配慮義務の一環として損害賠償責任を認めた）等)。

4 労災認定と民事賠償の関係

(1) 労災認定と安全配慮義務違反の存否との関係

労災認定と安全配慮義務違反の存否とは直接には関係しません。この理については、最高裁判所がレンゴー事件・最一小決平成13・２・22労判806号12頁において、「労災保険法に基づく保険給付……の不支給決定取消訴訟と安全配慮義務違反に基づく損害賠償請求訴訟とでは、審判の対象及び内容を異にする」ことを明言しています（同事件の事案は、後の民事賠償請求訴訟で不利になることをおそれた使用者が、（死亡した従業員の遺族による）労災保険給付不支給決定取消訴訟において、（労働基準監督署長を補助するため）補助参加の申出をしたというものです。この論点につき、原審・東京高決平成12・４・13労判793号71頁では、「安全配慮義務違反等を理由とする損害賠償請求訴訟」が提起された場合、「業務と死亡との相当因果関係が重要な争点になるものと予想され、……業務起因性の有無の判断と損害賠償請求訴訟における相当因果関係の有無の判断は相当程度重なり、類似した判断がされる可能性を否定することはできない。しかし、前者における業務起因性が肯定されたとしても、これによって、当然に後者における相当因果関係が肯定されるものではない上、後者における責任の有無、賠償額の範囲は、使用者の故意、過失、さらには、過失相殺等の判断を経て初めて確定されるものである」と説示されており、上記最高裁決定は、これを是認するものです)。確かに、行政機関の行う労災認定と、民事訴訟手続での使用者の安全配慮義務違反の認定とは、何ら連動するものではありません。事故発生の有無や、傷害の有無、事故と傷害との間の因果関係等は、裁判所が独自に認定すべきものですから、労働基準監督署長のなした労災認定をもって、事故の発生や後遺障害の事実が推定されるものではありません（ただし、事実上の推定が働き、使用者側に、事故発生、傷害、事故と傷害との間の因果関係の欠如等につき、積極的な主張立証の必要が発生することは否めません)。

⑵　労災事故自体の存在が否定される場合

労災認定されながら、民事賠償請求の事案で、労災事故自体の存在が否定されることも少なくありません。たとえば、ユニプラ事件・東京高判平成22・10・13労経速2087号28頁、鴻池組（損害賠償請求）事件・横浜地判平成22・12・21判時2106号88頁（事故現場である作業員詰所への階段自体に工作物責任に相当する瑕疵が認められず、また、事故の目撃者がおらず、事故の態様は専ら被害者である従業員の供述のみによらざるを得ないのに、その供述が変遷し不合理であることから、請求棄却）等です。

⑶　安全配慮義務違反が否定される場合

労働災害が発生し、これについて労災認定がされたとしても、労災認定により直ちに使用者の安全配慮義務違反が肯定されるものでもありません。たとえば、DNPメディアテクノ関西事件・大阪地判平成22・７・14労判1061号80頁では、過重な業務により、自宅で意識消失して転倒した結果、外傷性頸髄損傷の傷害を負い、後遺障害が残ったとして、従業員が会社に対し、安全配慮義務違反等による損害賠償を請求した事案で、裁判所は、労働保険審査会が労災であることを認めた点について、「『１回目の転倒事故の原因が一過性脳虚血発作による意識消失であり、２回目の転倒事故や意識障害は脳梗塞に起因する。』との見解を採用することは到底できないといわなければならないから、原告が本件各転倒時に、一過性脳虚血発作や脳梗塞を発症したとは、認定することができない」と判示し、行政機関の見解を全面的に否定しました。控訴審・大阪高判平成24・６・８労判1061号71頁も、原判決を支持しました（近時の否定例として医療法人社団明芳会（R病院）事件・東京地判平成26・３・26労判1095号５頁、日本政策金融公庫（うつ病・自殺）事件・大阪高判平成26・７・17労判1108号13頁等参照）。

労働契約法５条の「必要な配慮」とは一律に定まるものではなく、使用者に特定の措置を求めるものではありませんが、労働者の職種、労務内容、労務提供場所等の具体的な状況に応じて、必要な配慮をすることが求められるものであって、労働者の異常な行動により事故が生じた場合には、安全配慮義務の前提となる予見可能性が否定される結果となります。裁判例においても、労働災害について使用者の予見可能性を否定し、安全配慮義務違反の主張を退けた裁判例は多数存在します。

たとえば、浜岳製作所事件・横浜地判平成７・２・23労判676号71頁（プレス事故）、三菱重工業ほか事件・長崎地判平成22・４・13労経速2071号27頁は（作業中に発生した火花によって作業服が燃えてしまい、上半身に火傷を負った従業員が死亡した事案において、本件作業は、通常のガス流し作業と異なり、特に危険性が高い作業ではなかったのであるから、本件作業によって、亡Bの作業服が燃え、同人が火傷を負うことを予見することはできなかったといわざるを得ず、この予見可能性を前提とする原告らの安全配慮義務違反の主張はいずれも理由がない）、JFEエンジニアリングほか事件・横浜地判平成22・６・29労経速2097号22頁（工事現場の階段から転落したと主張し、障害等級「第12級12号　局部にがん固な神経症状を残すもの」という労災認定を受けた従業員が、使用者等に対して安全配慮義務違反に基づく損害賠償を請求しましたが、裁判所は、「仮に原告が本件階段の傾斜、段差及び踏面の幅を原因として足を滑らせたとしても、本件事故の発生につき被告らに安全配慮義務違反は認められない」と説示）、おびなた事件・前橋地判平成23・11・30判例集未登載（そば製造工場の機械に指を挟まれ、その先端部分が切断されてしまったことにつき、「可動式の安全カバーを外して本件移行部に手を挿入するということは、通常、予見することができない」として、会社の安全配慮義務違反を否定)、前掲七十七銀行事件・仙台地判平成26・2・25（「当該具体的状況に応じて合理的な防災対策や避難行動を取ることで足りる」などとして、請求棄却)、アイシン機工事件・名古屋高判平成27・11・13労経速2289号３頁（外国人労働者のプレス事故につき安全教育を徹底していた等の理由により、会社に安全配慮義務違反が認められないとされた)、ヤマダ電機事件・前橋地高崎支判平成28・５・19労判1141号５頁（業務による強い心理的負荷の不存在を主張立証し、労災医員意見書と客観的事実との間の齟齬を的確に突いて業務起因性ありとの原告主張の前提を失わせた）等があります。

（岩出　誠）

Q12　適用除外

労働契約法の適用除外とはどのようなものですか。

Answer

労働契約法は、同法の適用除外として、一部適用除外としての船員に関する特例（同法21条）と、全面的適用除外としての国家公務員および地方公務員（同法22条１項）と同居の親族のみを使用する場合の労働契約（同条２項）を設けています。

解　説

1　船員に関する特例（一部適用除外。労働契約法21条）

いわゆる最低基準効を定める労働契約法12条については、「船員に関しては適用しない」とされ、また、船員法における雇入契約は、有期雇用契約が原則となっていますが、雇入契約の解除事由については、同法40条および41条に具体的な規定が定められていることなどから、労働契約法の第４章については、船員に関しては適用しないこととされています（「労働契約法の施行について」第６の２（平成24年８月10日基発0810第２号、最終改正平成30年12月28日基発1228第17号）参照。以下につき、岩出・大系22頁以下参照）。

2　全面的適用除外

(1)　国家公務員および地方公務員（労働契約法22条１項）

労働契約法では「労働者と使用者との間において成立する労働契約についての基本的規範を定めるものであるが、国家公務員及び地方公務員は、任命権者との間に労働契約がないことから、法が適用されない」とされています（前掲「労働契約法の施行について」第６の２(1)参照）。

⑵　同居の親族のみを使用する場合の労働契約（労働契約法22条２項）

「親族については、民法において、夫婦の財産、親子の財産等に関する様々な規定が定められており、中でも同居の親族についてはその結びつき（特に経済的関係）が強く、一般の労働者及び使用者と同様の取扱いをすることは適当でないことから、同居の親族のみを使用する場合の労働契約については、法を適用しないこと」とされています。ここでの「『同居』とは、世帯を同じくして常時生活を共にしていることをいうもの」であり、「『親族』とは、民法第725条にいう６親等内の血族、配偶者及び３親等内の姻族をいい、その要件については、民法の定めるところによ」ります（前掲「労働契約法の施行について」第６の２⑵）。ただし、家事使用人については、労働基準法116条２項の適用除外対象となっていますが、労働契約法の適用除外にはなっていないことに留意すべきです。

（岩出　誠）

第3章

労働契約の成立・就業規則の最低基準効・内容規律効力等

Q13　合意による労働契約の成立要件

労働契約法では、労働契約の成立要件についてどのように規定されていますか。

Answer

労働契約法６条において、「労働契約は、労働者が使用者に使用されて労働し、使用者がこれに対して賃金を支払うことについて、労働者及び使用者が合意することによって成立する」と規定されています。

解　説

1 労働契約法６条

労働契約法６条は、労働契約の成立について、以下のように定めています。

> （労働契約の成立）
> 第６条　労働契約は、労働者が使用者に使用されて労働し、使用者がこれに対して賃金を支払うことについて、労働者及び使用者が合意することによって成立する。

2 労働契約の成立要件

以上のように、労働契約法６条は、労働契約の成立要件として、①「労働者が使用者に使用されて労働」すること、②「使用者がこれに対して賃金を支払う」こと、および③労働者と使用者が合意することをあげています。

そして、労働契約の成立に必要な合意は、抽象的な労務提供と賃金支払いの合意で足り、従事すべき労働の具体的内容や労働時間等の詳細についてまで合意されることは必要ないものと解されています（菅野・154頁）。

採用内定により、採用内定者と会社との間で始期付解約権留保付労働契約が成立するとする採用内定法理も、従事すべき労働の具体的内容や労働時間等の労働条件について詳細に合意していなくとも、採用内定者が会社に対して労務を提供すること、およびかかる労務提供に対して、会社が賃金を支払うことについて抽象的ながらも合意したものとして、労働契約が成立したものと解したものであるといえるでしょう。

この合意は、必ずしも書面によるものである必要はなく、口頭で足り、また、黙示の合意によっても成立しうると解されています（菅野・154頁）。

3 労働契約法上の労働契約の範囲

労働契約法上の労働契約は、契約の名目にとらわれず、実態として使用従属関係が認められ、当該契約で労務を提供する者が労働契約法２条１項の「労働者」に該当する場合には、当該契約は労働契約に該当するものと解されます。

なお、労働契約法上の労働者と労働基準法上の労働者は、基本的に同一のものと解されていますので、労働基準法上の労働者の判断基準が、労働契約法上の労働者の画定にも援用されるものと解されます（岩出・大系13頁）。そのため、労働契約といえるか否かは、仕事の依頼への諾否の自由、業務遂行上の指揮監督の有無、時間的・場所的拘束性、代替性、報酬の算定・支払方法を主要な要素とし、事業者性の有無（機械、器具の負担関係、報酬の額が当該企業において同様の業務に従事している正規従業員に比して著しく高額であるか否か等により判断します）、専属性の程度等を補足的な要素として判断されます（横浜南労基署長事件・最一小判平成８・11・28労判714号14頁等参照）。

4 企業対応

労働契約と認められた場合、企業は、労働者に対して、安全配慮義務（労働契約法５条）等を負い、また、解雇権の制限（同法16条）等を受けることになります。

そして、前述のとおり、労働契約か否かは、形式ではなく、実態をみて判断されますので、業務委託契約等、労働契約以外の形式で契約を締結している場合でも、前述の判断要素に基づき、労働契約と認められる可能性があることには留意が必要です。

（中野博和）

Q14 労働契約の成立と就業規則

就業規則の定めは、どのような要件を満たせば労働契約の内容となりますか。

Answer

使用者が、合理的な労働条件が定められている就業規則を労働者に周知させている場合には、労働契約の内容は、その就業規則で定める労働条件によるものとなります。

解　説

1 就業規則と労働契約の関係

労働契約法７条は、就業規則と労働契約の関係について、以下のように規定しています。

> 第７条　労働者及び使用者が労働契約を締結する場合において、使用者が合理的な労働条件が定められている就業規則を労働者に周知させていた場合には、労働契約の内容は、その就業規則で定める労働条件によるものとする。ただし、労働契約において、労働者及び使用者が就業規則の内容と異なる労働条件を合意していた部分については、第12条に該当する場合を除き、この限りでない。

2 適用場面

労働契約法７条は、「労働者及び使用者が労働契約を締結する場合」について適用されます。

すなわち、すでに労働者と使用者との間で労働契約が締結されている中、新たに就業規則により労働条件を設定した場合等は、労働契約法7条ではなく、同法10条の問題となります。

3 労働条件の合理性

労働条件の合理性については、変更内容とプロセスの全体にわたる総合判断としての合理性を定めた労働契約法10条とは異なり、当該労働条件自体の合理性をいい、企業の人事管理上の必要性があり、労働者の権利・利益を不相当に制限していなければ肯定されるべきものと解されています（岩出・大系44頁）。

なお、裁判例（郵便事業（身だしなみ基準）事件・神戸地判平成22・3・26労判1006号49頁、大阪市・大阪市高速電気軌道事件・大阪高判令和元・9・6労経速2393号13頁など）においては、髪型やひげに関する服務中の規律は、勤務関係または労働契約の拘束を離れた私生活にも及び得るもので、事業遂行上の必要性が認められ、その具体的な制限の内容が労働者の利益や自由を過度に侵害しない合理的な内容の限度で拘束力が認められるとされ、合理性を慎重に判断しています。

4 就業規則の周知

「周知」とは、実質的周知、すなわち、①常時各作業場の見やすい場所へ掲示し、または備え付けること、②書面を労働者に交付すること、③磁気テープ、磁気ディスクその他これらに準ずる物に記録し、かつ、各作業場に労働者が当該記録の内容を常時確認できる機器を設置すること等の方法により、労働者が知ろうと思えばいつでも就業規則の存在や内容を知り得るようにしておくことをいうものであることをいい、労働者が就業規則の存在およびその内容を現実に知っているか否かは問題になりません（「労働契約法の施行について」第3の2⑵イ㈴（平成24年8月10日基発0810第2号、最終改正平成30年12月28日基発1228第17号））。フジ興産事件・最二小判平成15・10・10労判861号5頁も、就業規則が法的規範としての性質を有するものとして拘束力を生ずるためには、その内容を、適用を受ける事業場の労働者に周知させる手続がとられていることを要する旨判示し、労働者が就業規則の存在およびその内容を現実に知っていることを要求していません。

また、労働基準法106条における「周知」の方法は、上記①から③の方法に限定されますが、労働契約法７条における「周知」はこれらの方法に限定されません。

この点について裁判例でも、クリスタル観光バス事件・大阪高判平成19・１・19労判937号135頁において、実質的に周知する方法をとれば、労働基準法106条に定める周知方法をとらなかったとしても、その変更の効力が生じると解することができる旨判示されています。

なお、この実質的周知は、就業規則の内容についての理解可能性があることを前提としており、かかる理解可能性がないものについては、労働契約法７条の効力は認められないものと解されています（岩出・大系43頁）。

5｜労働基準法89条および90条の手続が労働契約法７条の労働契約内容規律効の手続要件となるか

労働基準法は、89条および90条において、就業規則の作成・変更にあたり、使用者に対して、行政官庁への就業規則の届出義務、および労働者の過半数で組織する労働組合または労働者の過半数を代表する者への意見聴取義務を課していることから、これらの手続が、就業規則の労働契約内容規律効の手続要件となるかが問題となりますが、労働契約法７条には、労働基準法上の手続については、全く言及されていません。そのため、その労働契約法７条の文理上、内容の合理性と実質的周知があれば、労働基準法89条の届出や90条の意見聴取の手続要件の充足がなくとも、労働契約内容規律効が認められるということになります。

6｜企業対応

前述のとおり、労働契約法７条における「周知」の方法としては、①常時各作業場の見やすい場所へ掲示し、または備え付けること、②書面を労働者に交付すること、③磁気テープ、磁気ディスクその他これらに準ずる物に記録し、かつ、各作業場に労働者が当該記録の内容を常時確認できる機器を設置すること等の方法により、労働者が知ろうと思えばいつでも就業規則の存在や内容を知り得るようにしておくことをいうものであることの３つに限られず、当該就業規則の適用を受ける事業場の労働者に当該就業規則の内容を周知させる手続がとられていれば足ります。

もっとも、この周知の要件を満たさなければ、当該労働者に当該就業規則の適用を主張することができませんので、③の方法等、争いになった際に、証拠により証明しやすい方法によるのがよいでしょう。

（中野博和）

Q15　就業規則で定められた内容と異なる労働条件の合意

就業規則で定められた内容と異なる労働条件について労働者と合意することはできるのでしょうか。

Answer

就業規則で定められた内容と異なる労働条件について労働者と合意することはできます。

解　説

1　就業規則と労働契約の関係

労働契約法７条は、就業規則と労働契約の関係について、以下のように規定しています。

> 第７条　労働者及び使用者が労働契約を締結する場合において、使用者が合理的な労働条件が定められている就業規則を労働者に周知させていた場合には、労働契約の内容は、その就業規則で定める労働条件によるものとする。ただし、労働契約において、労働者及び使用者が就業規則の内容と異なる労働条件を合意していた部分については、第12条に該当する場合を除き、この限りでない。

2　法的意義

労働契約で定める労働条件が就業規則上の労働条件に達しない場合は、就業規則の最低基準効（労働契約法12条）が及ぶ（詳細は、Q16を参照）ので、「労働契約において、労働者及び使用者が就業規則の内容と異なる労働条件を合意していた部分」（労働契約法７条ただし書）は、就業規則に定めた労働条件よりも労働者に有利な労働条件を定めたものに限られます。

たとえば、従業員には全国転勤を命ずることがある旨就業規則に規定がある場合において、労働者との間で、個別に、勤務地限定合意をしているときは、就業規則の当該部分との関係では、勤務地限定合意が就業規則に優先することになります。

なお、就業規則で定める労働条件の一部に対して明示的に異議を表明している者との間で労働契約を締結した場合、異議を表明した労働者を使用者があえて採用している以上、当該就業規則部分については、「就業規則の内容と異なる労働条件」を少なくとも黙示的に合意したものと解される余地があります（荒木尚志＝菅野和夫＝山川隆一『詳説労働契約法〔第２版〕』（弘文堂、2014年）119頁以下）。

（中野博和）

Q16 就業規則に達しない労働条件を定める労働契約

労働契約において、就業規則に定める労働条件に達しない定めをおいた場合はどのようになりますか。

Answer

就業規則が定める労働条件に達しない部分は無効となり、無効となった部分は、就業規則に定める基準によることとなります（就業規則の最低基準効）。

解　説

1 就業規則違反の労働契約

労働契約において、就業規則に定める労働条件に達しない定めをおいた場合について、労働契約法12条は、以下のように規定しています。

> （就業規則違反の労働契約）
> 第12条　就業規則で定める基準に達しない労働条件を定める労働契約は、その部分については、無効とする。この場合において、無効となった部分は、就業規則で定める基準による。

2 法的意義

就業規則の最低基準効については、労働基準法93条の「労働契約と就業規則との関係については、労働契約法……第12条の定めるところによる」という規定を受けて、労働契約法12条がその内容を定めています。

他方で、就業規則で定める基準を上回る労働条件を定める労働契約については、労働契約法12条および７条ただし書により、当該労働契約が就業規則の定めに優先することになります。

なお、就業規則の最低基準効については、北海道国際空港事件・最一小判平成15・12・18労判866号14頁において、賃金規程に「月の途中において基本賃金を変更又は指定した場合は、当月分の基本賃金は新旧いずれか高額の基本賃金を支払う」旨の定めがある場合には、労働者が賃金減額に同意していても、同月分の賃金についてはより高額である従前の賃金額によるものとされ、減額部分は無効（改正前労働基準法93条）とし、当該就業規則の定めが当該個別同意よりも優先されることを確認しています。

3 最低基準効を否定する合意および手続要件を免除ないし緩和する合意

労働契約法12条は、強行法規であり、就業規則、労働協約、労働契約、特約等のいかなる方法をもってしても、この最低基準効を否定することは無効です。また、その周知手続等を加重する規定は有効となり得ますが、手続要件を免除ないし緩和する合意は無効であると解されます。

（中野博和）

Q17 就業規則が法令または労働協約に反する場合

就業規則の定めが法令または労働協約に反する場合、その就業規則の定めはどのようになりますか。

Answer

就業規則の定めが法令または労働協約に反する場合、当該部分については、労働契約内容規律効（労働契約法７条）、就業規則の変更による労働条件不利益変更効（同法10条）、最低基準効（同法12条）の効力が生じないこととなります。

解　説

1 就業規則の定めが法令または労働協約に反する場合

労働契約法13条は、就業規則の定めが法令または労働協約に反する場合について、以下のように規定しています。

> （法令及び労働協約と就業規則との関係）
> 第13条　就業規則が法令又は労働協約に反する場合には、当該反する部分については、第７条、第10条及び前条の規定は、当該法令又は労働協約の適用を受ける労働者との間の労働契約については、適用しない。

2 労働基準法との関係

労働契約法13条は、労働基準法92条１項の内容と同様、就業規則が法令または労働協約に反してはならないことを定めたものです。

なお、労働基準法92条２項は、行政官庁の就業規則の変更命令を規定したものであり、当該規定は罰則規定をもつ（同法120条３号）ことから、民事的効力を規定することとしている労働契約法には移行できないことに加え、労働基準法92条1項のみを労働契約法に移すと一覧性に欠けることや、同項の規定は、そもそも就業規則と労働協約の関係を規定したものであり、労働契約とは直接には関係のないことから労働基準法に残すこととなりました。

3　法的意義

「労働契約法の施行について」第3の7(2)（平成24年8月10日基発0810第2号、最終改正平成30年12月28日基発1228第17号）では、労働契約法13条の解釈につき、以下のように示されています。

「法令」とは、強行法規としての性質を有する法律、政令および省令をいうものと解されています。罰則を伴う法令であるか否かは問われておらず、また、労働基準法以外の法令も含むものと解されています。

「労働協約」とは、労働組合法14条にいう「労働組合と使用者又はその団体との間の労働条件その他に関する」合意で、「書面に作成し、両当事者が署名し、又は記名押印したもの」をいうものと解されています。

「労働協約に反する場合」とは、就業規則の内容が労働協約において定められた労働条件その他労働者の待遇に関する基準（規範的部分）に反する場合をいうものと解されています。

「労働協約の適用を受ける労働者との間の労働契約については」とは、事業場の一部の労働者のみが労働組合に加入しており、労働協約の適用が事業場の一部の労働者に限られている場合には、労働協約の適用を受ける労働者（労働組合法17条および18条により労働協約が拡張適用される労働者を含む）に関してのみ、労働契約法13条が適用されることをいうものと解されています。

4　法令および労働協約に抵触する就業規則を有効とする合意

労働契約法13条は、強行法規であり、就業規則、労働協約、労働契約、特約等のいかなる方法をもってしても、法令および労働協約に抵触する就業規則を有効とする合意は無効と解されます。

（中野博和）

第4章

労働条件の変更

Q18 労働条件の合意による変更原則

労働契約法では、労働契約の内容となっている労働条件の変更の要件について、どのような要件を設けていますか。

Answer

労働契約法では、労働契約の内容となっている労働条件の変更は、労働者と使用者との間の合意によるものと定められています。

解　説

1 労働条件の変更

労働契約法８条では、労働条件の変更について以下のように規定しています。

（労働契約の内容の変更）
第８条　労働者及び使用者は、その合意により、労働契約の内容である労働条件を変更することができる。

2 法的意義

労働契約法８条における「合意により」については、変更内容について書面を交付することまでは求められておらず、書面によらない合意の場合も有効です。

また、労働契約法８条における「労働契約の内容である労働条件」には、労働者および使用者の合意により、労働契約の内容となっていた労働条件のほか、同法７条本文により就業規則で定める労働条件によるものとされた労働契約の内容である労働条件、同法10条本文により就業規則の変更に伴って変更された労働契約の内容である労働条件、および同法12条により就業規則で定める基準によることとされた労働条件が含まれるものであり、労働契約の内容である労働条件はすべて含まれるものであることと解されています（「労働契約法の施行について」第３の３⑵ウ（平成24年８月10日基発0810第２号、最終改正平成30年12月28日基発1228第17号））。

なお、就業規則で定める基準に達しない労働条件を定める合意は、労働契約法12条により無効となりますので、就業規則で定められた労働条件を変更する内容を合意する場合は、就業規則で定める基準を上回る労働条件でなければなりません。

3　就業規則の不利益変更に対する労働者の個別合意

就業規則の変更により、労働者の労働条件を不利益変更するに際して、当該変更につき、労働者と個別に合意した場合、労働契約法10条の要件を検討するまでもなく、当該変更内容が労働条件となるかについて議論がありました。

学説上は、労働者との個別合意がある場合でも、労働契約法10条の要件、すなわち、変更に係る就業規則の周知および不利益変更の合理性の要件を満たさない限り、当該変更内容が労働条件とはならないとする合理性基準説と、労働者との個別合意がある場合には、労働契約法10条の要件を検討するまでもなく、当該変更内容が労働条件となるとする合意基準説とに分かれていました。

これについて、最高裁判所は、山梨県民信用組合事件・最二小判平成28・２・19労判1136号６頁において、「労働契約の内容である労働条件は、労働者と使用者との個別の合意によって変更することができるものであり、このことは、就業規則に定められている労働条件を労働者の不利益に変更する場合であっても、その合意に際して就業規則の変更が必要とされることを除き、異なるものではないと解される（労働契約法８条、９条本文参照）」と判示し、合意基準説によることを明確にしました。

もっとも、合意基準説では、労働契約法10条の要件を検討するまでもなく、当該変更内容が労働条件となるため、労働条件の不利益変更につき、労働者の合意の有無が重要な意味をもつことになります。そこで、前掲最高裁判決は、労働者の個別合意の認定について、以下のように判示しました。

「使用者が提示した労働条件の変更が賃金や退職金に関するものである場合には、当該変更を受け入れる旨の労働者の行為があるとしても、労働者が使用者に使用されてその指揮命令に服すべき立場に置かれており、自らの意思決定の基礎となる情報を収集する能力にも限界があることに照らせば、当該行為をもって直ちに労働者の同意があったものとみるのは相当でなく、当該変更に対する労働者の同意の有無についての判断は慎重にされるべきである。そうすると、就業規則に定められた賃金や退職金に関する労働条件の変更に対する労働者の同意の有無については、当該変更を受け入れる旨の労働者の行為の有無だけでなく、当該変更により労働者にもたらされる不利益の内容及び程度、労働者により当該行為がされるに至った経緯及びその態様、当該行為に先立つ労働者への情報提供又は説明の内容等に照らして、当該行為が労働者の自由な意思に基づいてされたものと認めるに足りる合理的な理由が客観的に存在するか否かという観点からも、判断されるべき」である。

4｜変更解約告知

変更解約告知とは、企業の経営上必要な労働条件変更（切り下げ）による新たな労働契約の締結に応じない従業員の解雇を認める法理を指します。

このような変更解約告知が認められるか否かについては実務上争いがあるところです。

スカンジナビア航空事件・東京地決平成7・4・13労判675号13頁では、裁判所は、以下のように判示して、変更解約告知を認めました。

「労働者の職務、勤務場所、賃金及び労働時間等の労働条件の変更が会社業務の運営にとって必要不可欠であり、その必要性が労働条件の変更によって労働者が受ける不利益を上回っていて、労働条件の変更をともなう新契約締結の申込みがそれに応じない場合の解雇を正当化するに足りるやむを得ないものと認められ、かつ、解雇を回避するための努力が十分に尽くされているときは、会社は新契約締結の申込みに応じない労働者を解雇することができる」。

他方、スカンジナビア航空事件判決後の裁判例である、大阪労働衛生センター第一病院事件・大阪地判平成10・8・31労判751号38頁では、裁判所は、以下のように判示して、変更解約告知を否定しました。

「講学上いわゆる変更解約告知といわれるものは、その実質は、新たな労働条件による再雇用の申出をともなった雇用契約解約の意思表示であり、労働条件変更のために行われる解雇であるが、労働条件変更については、就業規則の変更によってされるべきものであり、そのような方式が定着しているといってよい。これとは別に、変更解約告知なるものを認めるとすれば、使用者は新たな労働条件変更の手段を得ることになるが、一方、労働者は、新しい労働条件に応じない限り、解雇を余儀なくされ、厳しい選択を迫られることになるのであって、しかも、再雇用の申出が伴うということで解雇の要件が緩やかに判断されることになれば、解雇という手段に相当性を必要とするとしても、労働者は非常に不利な立場に置かれることになる。してみれば、ドイツ法と異なって明文のない我国においては、労働条件の変更ないし解雇に変更解約告知という独立の類型を設けることは相当でない」。

このように、変更解約告知の法理の適用の是非については、地裁レベルで判断が分かれているため、今後の判例・裁判例の集積を待つほかないものと思われます。

5　異議留保付承諾の可否

変更解約告知については、異議留保付承諾の可否という問題があります。

すなわち、変更解約告知に対して、労働者が異議をとどめたまま、労働条件変更（切り下げ）を伴う新たな労働契約の締結に応じることができるか否かという問題です。

この点につき、民法上、「承諾者が、申込みに条件を付し、その他変更を加えてこれを承諾したときは、その申込みの拒絶とともに新たな申込みをしたものとみなす」（同法528条）と規定されていることから、異議の留保という条件を付けて行う承諾の意思表示は、新たな労働契約の申込みに対する拒絶であるということになり、異議留保付承諾は認められないとする見解と、民法528条は継続的契約である労働契約には妥当しないとして、異議留保付承諾を認めるべきとする見解に分かれています。

裁判例では、日々雇用された労働者に対してなされた労働条件引き下げ変更通知につき、当該労働者が異議留保付承諾の意思表示をしたために雇止めをしたという事案において、本件異議留保付承諾は会社の変更後の条件による雇用更新申込みを拒絶したのであり、雇止めには合理的理由があるとして、異議留保付承諾を否定したもの（日本ヒルトンホテル（本訴）事件・東京高判平成14・11・26労判843号20頁）があり、現時点においては、実務上、異議留保付承諾は認められていないものといえます。

6 企業対応

前掲山梨県民信用組合事件では、当該不利益変更により生ずる具体的な不利益の内容や程度についての情報提供ないし説明を求めています。そのため、就業規則の変更につき、労働者から合意を得ようとする場合には、単に、就業規則の変更の内容を説明するだけではなく、当該変更により、どのような不利益が生ずるのかという観点からの説明も必要となることに留意が必要です。

（中野博和）

Q19　就業規則の変更による労働条件の不利益変更

労働者との合意なしに、会社が労働者の不利益となるように労働条件を変更することはできますか。

Answer

原則としてできませんが、変更後の就業規則を労働者に周知させ、かつ、就業規則の変更が、労働者の受ける不利益の程度、労働条件の変更の必要性、変更後の就業規則の内容の相当性、労働組合等との交渉の状況その他の就業規則の変更に係る事情に照らして合理的なものであるときは、例外的に、労働者との合意なしに労働者の不利益に労働条件を変更することができます。

解　説

1　就業規則による労働契約の内容の変更

労働契約法９条および10条では、就業規則による労働契約の内容の変更について、以下のように定めています。

（就業規則による労働契約の内容の変更）
第９条　使用者は、労働者と合意することなく、就業規則を変更することにより、労働者の不利益に労働契約の内容である労働条件を変更することはできない。ただし、次条の場合は、この限りでない。
第10条　使用者が就業規則の変更により労働条件を変更する場合において、変更後の就業規則を労働者に周知させ、かつ、就業規則の変更が、労働者の受ける不利益の程度、労働条件の変更の必要性、変更後の就業規則の内容の相当性、労働組合等との交渉の状況その他の就業規則の変更に係る事情に照らして合理的なものであるときは、労働契約の内容である労働条件は、当該変更後の就業規則に定めるところによるものとする。ただし、労働契約において、労働者及び使用者が就業規則の変更によっては変更されない労働条件として合意していた部分については、第12条に該当する場合を除き、この限りでない。

2 労働契約法10条による労働条件不利益変更効の要件

(1) 労働条件不利益変更効の要件

上記の労働契約法９条および10条の規定からすると、労働契約法10条による労働条件不利益変更効の要件としては、①就業規則変更の不利益変更該当性、②当該就業規則の実質的周知性、③就業規則変更の合理性が認められること、となります。なお、就業規則変更が客観的に有利な変更である場合には、労働契約法12条により、労働者の同意を要することなく、有利変更された就業規則が労働契約を規律することとなります。

(2) 就業規則変更の合理性の判断要素

労働契約法10条では、就業規則変更の合理性の判断要素として、①労働者の受ける不利益の程度、②労働条件の変更の必要性、③変更後の就業規則の内容の相当性、④労働組合等との交渉の状況、⑤その他の就業規則の変更に係る事情があげられています。

なお、「労働契約法の施行について」第３の４(3)オ（平成24年８月10日基発0810第２号、最終改正平成30年12月28日基発1228第17号）によると、労働契約法10条記載の各考慮要素の内容については、以下のように解されています。

「労働者の受ける不利益の程度」とは、個々の労働者の不利益の程度をいいます。

「労働条件の変更の必要性」とは、使用者にとっての就業規則による労働条件の変更の必要性をいいます。

「変更後の就業規則の内容の相当性」とは、就業規則の変更の内容全体の相当性をいうものであり、変更後の就業規則の内容面に係る制度変更一般の状況が広く含まれるものであるとされています。

「労働組合等との交渉の状況」とは、労働組合等事業場の労働者の意思を代表するものとの交渉の経緯、結果等をいうものとされ「労働組合等」には、労働者の過半数で組織する労働組合その他の多数労働組合や事業場の過半数を代表する労働者のほか、少数労働組合や、労働者で構成される親睦団体等労働者の意思を代表するものが広く含まれるものとされています。

「その他の就業規則の変更に係る事情」とは、「労働者の受ける不利益の程度、労働条件の変更の必要性、変更後の就業規則の内容の相当性、労働組合等との交渉の状況」を含め就業規則の変更に係る諸事情が総合的に考慮されることをいうものであるとされています。

3 就業規則の不利益変更法理に関する判例の概要

労働契約法９条および10条に定める就業規則の不利益変更は、判例法理によって認められてきたものです。以下では、就業規則の不利益変更法理に関する従前の判例を概観していきます。

(1) 秋北バス事件・最大判昭和43・12・25労判71号14頁

従来定年制が定められていなかった労働者について、55歳定年制を新たに定めた就業規則の改正の効力が問題となった事案です。

最高裁判所は、「新たな就業規則の作成又は変更によつて、既得の権利を奪い、労働者に不利益な労働条件を一方的に課することは、原則として、許されないと解すべきであるが、労働条件の集合的処理、特にその統一的かつ画一的な決定を建前とする就業規則の性質からいつて、当該規則条項が合理的なものであるかぎり、個々の労働者において、これに同意しないことを理由として、その適用を拒否することは許されないと解すべきであり、これに対する不服は、団体交渉等の正当な手続による改善にまつほかはない。そして、新たな停年制の採用のごときについても、それが労働者にとつて不利益な変更といえるかどうかは暫くおき、その理を異にするものではない」と判示し、最高裁判所として初めて、就業規則の不利益変更の判断枠組みを示しました。

そして、定年制については、①労働契約に定年の定めがないことは、ただ雇用期間の定めがないというだけのことであり、労働者に雇用継続の既得権を認めるものではないので、本件改正は既得権侵害の改正とはいえないこと、②55歳の定年制は、わが国産業界の実情に照らし、かつ、当該会社の一般職種の定年が50歳と定められていることと比較しても低きに失するものとはいえないこと、③十分とはいえないが、再雇用の特則も設けられており、現に本件事件の当事者に対しても、会社から嘱託として採用する旨の意思表示がされていること等から、就業規則改正による定年制の導入は、不合理なものとはいえず、55歳定年制を定めた就業規則が適用されると結論づけました。

⑵　大曲農協事件・最三小判昭和63・2・16労判512号7頁

農協の合併に伴い、職員に対する待遇を統一するに際し、一農協の勤務者に対する関係で退職金が減額される形で就業規則・退職給与規程の改定が行われた事案で、就業規則の変更の合理性とは、就業規則改正の「必要性及び内容の両面からみて、それによつて労働者が被ることになる不利益の程度を考慮しても、なお当該労使関係における当該条項の法的規範性を是認できるだけの合理性を有するものであることをいうと解される。特に、賃金、退職金など労働者にとつて重要な権利、労働条件に関し実質的な不利益を及ぼす就業規則の作成又は変更については、当該条項が、そのような不利益を労働者に法的に受忍させることを許容できるだけの高度の必要性に基づいた合理的な内容のものである場合において、その効力を生ずるものというべきである」と判示しています。

そして、同判決は、①労働者の被る不利益について、退職金の支給倍率自体は低減されているものの、合併に伴い、合併の際延長された定年退職時までに通常の昇給分を超えて相当程度給与が増額されるので、実際の退職時の基本月俸額に所定の支給倍率を乗じて算定される退職金額は、支給倍率の低減によるみかけほど低下していないので、実際に労働者の被った不利益は、本件で労働者が請求している退職金の旧基準での算定額と新基準での支払額の差額よりは低額であることは明らかであり、労働者の被った不利益は大きなものとはいえないこと、②一般に、従業員の労働条件が異なる会社等が合併した場合に、労働条件の統一的画一的処理の要請から、従業員相互間の格差を是正し、単一の就業規則を作成、適用しなければならない必要性が高いこと、③退職金規程が不利益変更された労働者は、従来と比べ、休日・休暇、諸手当、旅費等の面において有利な取扱いを受けるようになり、定年は男子が１年間、女子が３年間延長されており、退職金規程変更に対する直接の代償措置ではないにしても、合併に伴う格差是正措置の一環であるから、退職金規程の変更の合理性判断にあたって考慮すべきであること等を指摘し、結論として、退職金規程改正の合理性を認めました。

⑶ 第四銀行事件・最二小判平成９・２・28労判710号12頁

定年延長に伴い、55歳以上の従業員の給与と賞与の大幅な減額（33%～37%）を行った事案です。

最高裁判所は、就業規則の変更の合理性判断として、「就業規則の変更によって労働者が被る不利益の程度、使用者側の変更の必要性の内容・程度、変更後の就業規則の内容自体の相当性、代償措置その他関連する他の労働条件の改善状況、労働組合等との交渉の経緯、他の労働組合又は他の従業員の対応、同種事項に関するわが国社会における一般的状況等を総合考慮して判断すべき」とし、①年間賃金の減額を伴う55歳から60歳への定年延長という内容の就業規則の変更について、55歳以降の賃金が合理的な期待に反して減額されるとして労働条件の不利益変更にあたるとしましたが、②60歳定年制の実現が社会的に強く要請されており、労働大臣（当時）や県知事から定年延長の早期実施の要請があったこと等から定年延長に高度の必要性が認められること、③定年延長により60歳まで安定した雇用が確保される利益、福利厚生制度の適用延長や拡充等の不利益緩和の措置がとられていること、④就業規則の変更が行員の約90%で組織される組合との交渉、合意を経て労働協約を締結したうえで行われたものであること等から、就業規則の変更は合理性があり、有効と判断しました。

なお、第四銀行事件においてあげられている就業規則の合理性の判断要素のうち、代償措置や同種事項に関するわが国社会における一般的状況は、労働契約法10条の考慮要素として明示されてはいませんが、これらは、同条における「変更後の就業規則の内容の相当性」として考慮されるものと解されます。

⑷　みちのく銀行事件・最一小判平成12・9・7労判787号6頁

就業規則、給与規程、役職制度運用規程等を変更し、55歳以上の行員を専任職に移行し、その賃金・賞与を削減する措置をとった事案で、原審では、労使の十分な協議と制度改革の必要性を踏まえて就業規則変更の合理性が肯定されました（仙台高判平成8・4・24労判693号22頁）。

しかし、最高裁判所は、①本件就業規則等変更は、多数の行員について労働条件の改善を図る一方で、一部の行員について賃金を削減するものであり、特定の層の行員にのみ賃金コスト抑制の負担を負わせているものといわざるを得ず、その負担の程度も、55歳以降賃金が半額に近い程度切り下げられるものであって大幅な不利益といえること、②経過措置が、救済ないし緩和措置として効果が十分でないこと等から、③行員の約73%を組織する労働組合が同意していることを考慮しても、変更に同意しない労働者に対し、法的に受忍させるに足る高度の必要性に基づく合理性・相当性が認められないとし、本件就業規則等の変更のうち賃金減額の効果を有する部分の効力を否定しました。

みちのく銀行事件判決からすると、最高裁判所は、中高年等の一部の労働者に対する狙い撃ち的な労働条件の大幅かつ急激な低下については、単純に過半数労働者の賛成だけでは足りるとは考えず、当該企業の存続自体が危ぶまれたり、経営危機による雇用調整が予想されること等、労働条件の変更の高度の必要性を求めており、そのような事情が認められない場合には、一般的な合理性判断枠組みに沿った代償措置、激変緩和の代償または経過措置等に配慮したうえでの実施に努めるべきであるといえるでしょう。

4 近時の裁判例

近時の裁判例としては、ノイズ研究所事件・東京高判平成18・6・22労判920号5頁、社会福祉法人賛育会事件・東京高判平成22・10・19労判1014号5頁、シオン学園（賃金体系の不利益変更）事件・東京高判平成26・2・26労判1098号46頁などがあります。

前掲ノイズ研究所事件では、競争が激化した経営状況の中で、労働生産性を高めて競争力を強化する高度の必要性があること、新賃金制度は、従業員に対して支給する賃金原資総額を減少させず、賃金原資の配分の仕方をより合理的なものに改めようとするものであり、どの従業員にも自己研鑽による職務遂行能力等の向上により昇格し、昇給することができるという平等な機会を保障するものであること、会社があらかじめ従業員に変更内容の概要を通知して周知に努め、従業員の所属する組合との団体交渉を通じて、労使間の合意により円滑に賃金制度の変更を行おうと努めていたこと、2年間に限って賃金減額分の一部を補てんするにとどまるものの経過措置がとられていることなどから、成果主義賃金制度を導入するための就業規則の変更の合理性が肯定されました。

前掲社会福祉法人賛育会事件では、就業規則変更が人件費削減を目的とするものではないにもかかわらず、従業員の賃金減額をもたらすこと、代償措置も賃金減額という不利益を解消するのに十分なものであるとはいえないこと、従業員や労働組合に対する説明が十分になされたとはいえないことなどから新賃金制度の導入を内容とした就業規則変更の合理性が否定されました。

前掲シオン学園（賃金体系の不利益変更）事件では、会社側に人件費削減の必要性がなかったとはいえないこと、基本給の減額が退職金の支給額に影響することを考慮しても、なお、これを受忍させることが法的に許容できないほど重大なものとまではいえないこと、本件で問題となっている第2次変更と同じ内容の第1次変更の実施に至るまで3年近くにわたり20回以上会社と労働組合との間で賃金減額をめぐって団体交渉が行われてきたこと、変更後の賃金水準が同一地域で業種が同じ会社の賃金水準と比較して、大きな相違があるとはいえないことなどから、基本給の月額３万5000円の減額や勤続給、技術給、年齢給および調整給の廃止を内容とした就業規則の変更の合理性が肯定されました。

5｜就業規則変更の合理性の立証責任

就業規則の変更の合理性の立証責任は使用者、労働者のいずれにあるのでしょうか。

労働契約法10条の定め方からしても、就業規則による労働条件の変更が効力を有するのは、変更内容に「合理性」が認められる場合という例外的なものであるので、就業規則の変更の効力を主張する使用者側に一次的な立証責任があると解されます（岩出・大系56頁）。

6｜就業規則変更の合理性判断と労働基準法上の手続との関係

労働基準法89条および90条については、「その他の就業規則の変更に係る事情」の中でこの労働基準法上の手続遵守状況が考慮されるものと解されますが、これらは就業規則による労働条件不利益変更の手続的有効要件とは解されず、同法各条違反により当然に労働条件不利益変更効が認められなくなることはありません。また、「その他の就業規則の変更に係る事情」の中でこの労働基準法上の手続遵守状況が考慮されるといっても、同各条の手続は、労働基準法上罰則付きで義務づけられているもので、これらを履践することは当然であるため、これによって合理性が肯定的に評価されることは適当でなく、むしろ、当該手続を履践していない場合に、これが、合理性を否定する要素として考慮されるべきと解されています（水町・詳解214頁）。

7｜変更に係る就業規則の定めの周知の要件

Q14において述べたように、「周知」とは、実質的周知、すなわち、労働者が知ろうと思えばいつでも就業規則の存在や内容を知り得るようにしておくことをいうものであり、労働者が就業規則の存在およびその内容を現実に知っているか否かは問題にならないこと、周知の方法について、労働基準法106条における「周知」の方法に限られないこと、およびこの実質的周知は、就業規則の内容についての理解可能性があることを前提としており、かかる理解可能性がないものについては、労働契約法７条の効力は認められないことは、同条本文の場合と同様です。

（中野博和）

Q20 就業規則の変更による労働条件の不利益変更の例外・個別特約

労働契約法10条本文の要件を満たす場合には、直ちに、変更に係る就業規則の定めが労働契約の内容となるのでしょうか。

Answer

労働契約において、労働者および使用者が就業規則の変更によっては変更されない労働条件として合意していれば、労働契約法12条に該当する場合を除き、当該労働条件については、不利益変更が認められないものとなります。

解　説

1 就業規則の変更による労働契約の内容の変更

労働契約法10条は、就業規則による労働契約の内容の変更について、以下のように定めています。

> 第10条　使用者が就業規則の変更により労働条件を変更する場合において、変更後の就業規則を労働者に周知させ、かつ、就業規則の変更が、労働者の受ける不利益の程度、労働条件の変更の必要性、変更後の就業規則の内容の相当性、労働組合等との交渉の状況その他の就業規則の変更に係る事情に照らして合理的なものであるときは、労働契約の内容である労働条件は、当該変更後の就業規則に定めるところによるものとする。ただし、労働契約において、労働者及び使用者が就業規則の変更によっては変更されない労働条件として合意していた部分については、第12条に該当する場合を除き、この限りでない。

2｜労働契約法10条ただし書の趣旨および法的意義

⑴　趣　旨

労働契約法10条は、労働契約の変更における合意原則（同法８条）の例外となる就業規則の合理的変更法理（同法10条本文）の外縁を画定し、労働契約原理（契約自治）が機能する領域を確保する観点から定められたものであると解されています（水町・詳解220頁）。

⑵　法的意義

「就業規則の変更によっては変更されない労働条件として合意していた部分」とは、就業規則の定めとは異なる労働条件について個別に合意している場合のほか、就業規則に定める労働条件について、就業規則の変更によっては労働条件を変更しない旨の合意をしていると認められる場合も含むものと解されています（「労働契約法の施行について」第３の４⑶ク（平成24年８月10日基発0810第２号、最終改正平成30年12月28日基発1228第17号））。

また、労働契約法７条ただし書の「就業規則の内容と異なる労働条件を合意していた部分」については、将来的な労働条件について、①就業規則の変更により変更することを許容するもの、および②就業規則の変更ではなく個別の合意により変更することとするもののいずれもがあり得るところ、①の場合には労働契約法10条本文が適用され、②の場合には同条ただし書が適用されるものであると解されています（前掲「労働契約法の施行について」第３の４⑶キ）。

労働契約法10条ただし書では、「第12条に該当する場合を除き」とあることから、就業規則の変更によっては変更されないと合意した労働条件について、就業規則が有利に変更された場合には、就業規則の最低基準効によって、当該合意した労働条件は無効となり、当該就業規則によって定められた労働条件となります（同法12条）。

（中野博和）

Q21　就業規則の新規作成と労働契約法10条の関係

就業規則を新規作成する場合、労働契約法10条の適用はありますか。

Answer

使用者が新たに就業規則を作成し、当該就業規則の新設により、労働者の労働契約の内容である労働条件を変更する場合、労働契約法10条は、類推適用されます。

そのため、使用者は、当該就業規則の新設によって、労働者の労働契約の内容である労働条件を変更する場合には、当該就業規則を周知させ、かつ、当該就業規則の変更を合理的なものとすることが必要となります。

解　説

1　労働契約法10条の意義

労働契約法10条は、就業規則による労働条件の変更について、次のとおり定めています。

> 第10条　使用者が就業規則の変更により労働条件を変更する場合において、変更後の就業規則を労働者に周知させ、かつ、就業規則の変更が、労働者の受ける不利益の程度、労働条件の変更の必要性、変更後の就業規則の内容の相当性、労働組合等との交渉の状況その他の就業規則の変更に係る事情に照らして合理的なものであるときは、労働契約の内容である労働条件は、当該変更後の就業規則に定めるところによるものとする。ただし、労働契約において、労働者及び使用者が就業規則の変更によっては変更されない労働条件として合意していた部分については、第12条に該当する場合を除き、この限りでない。

労働契約法10条は、同法９条が定める、使用者が労働者と合意することなく、就業規則を変更することにより、労働者の不利益に労働契約の内容である労働条件を変更することはできないという原則に対する例外を定めています。すなわち、労働契約法10条は、使用者が就業規則の変更により労働契約の内容である労働条件を変更しようとする場合において、①変更後の就業規則を労働者に周知させること、②当該就業規則の変更が合理的なものであることという２つの要件を満たした場合に、労働条件が当該変更後の就業規則の定めるところにより変更されることを定めています。

これは、秋北バス事件・最大判昭和43・12・25民集22巻13号3459頁以降の一連の最高裁判決によって確立した判例法理を明文化したものと解されています（詳細は、Q19を参照）。

2 就業規則新設の場合の労働契約法10条の適用

常時使用する労働者が10名未満で就業規則作成義務を負っていなかった使用者が、10名以上の労働者を使用することとなり、新たに就業規則を作成する場合や、作成義務がない使用者が就業規則を作成する場合等、就業規則を作成していなかった使用者が新たに就業規則を作成する場合があります。

このような場合、新規作成する就業規則によって、それまで使用されていた労働者に適用されていた労働条件を不利益に変更することができるかが問題となります。

労働契約法７条は、労働契約成立時における労働契約内容規律効を定めていますが（詳細は、Q14を参照）、「労働契約を締結する場合において」と、その適用場面を労働契約締結の際の就業規則の効力に限定しています。したがって、労働契約法７条は、就業規則を新規作成する場合には、適用されません（「労働契約法の施行について」第３の２⑵イ(ｲ)（平成24年８月10日基発0810第２号、最終改正平成30年12月28日基発1228第17号）も、新たに就業規則を制定した場合について、労働契約法７条が適用されないことを明示しています）。

他方、労働契約法10条は、「就業規則の変更により」と定め（同法９条は

「就業規則を変更することにより」と定めています)、就業規則の新規作成は、就業規則の「変更」ではないので、10条が直接適用されることもありません。

このように、就業規則の新設により、既存の労働条件を不利益に変更する場合について、労働契約法は直接規律していません。

しかしながら、前掲秋北バス事件は、定年制の適用されていなかった労働者に対して、新たに定年制を設けたという既存の就業規則に新条項を設けた事案でしたが、最高裁判所は、「新たな就業規則の作成又は変更によって」不利益な労働条件を一方的に課すことに対し合理性を要件として許容するという判断を示しています。

したがって、現在、就業規則を新規作成した場合であっても、当該就業規則によって労働契約の内容である労働条件が不利益に変更される場合には、労働契約法10条を類推適用して、当該労働契約に対する効力を判断すべきと解されています(菅野・212頁、荒木・395頁)。

なお、平成18年12月27日の厚生労働省労働政策審議会労働条件分科会答申には、就業規則の新規作成による労働条件変更も就業規則変更による場合と同様とすることが明記されていましたが、法案要綱策定の際に、就業規則自体を新規作成した事案に関する最高裁判決がないとして、立法化の対象から除かれたという経緯があります。しかし、上記のとおり、前掲秋北バス事件は、新規作成の場合をも含めた一般論を展開していたのですから、新規作成による労働条件変更に関する規律を明らかにするという観点からも、就業規則の新規作成の場合には労働契約法10条が適用されることを明記すべきであったといえます(荒木・395頁参照)。

3 就業規則に新条項を定める場合の労働契約法10条の適用

就業規則の新設の場合とあわせて、既存の就業規則に新条項を定めることによって、従前の労働条件を変更する場合に、労働契約法10条の適用があるかどうかも問題となりますが、この問題については、上記のとおり、前掲秋北バス事件が、既存の就業規則に新条項を設けた場合の事件であったところ、最高裁判所は、この場合における不利益な労働条件を一方的に課すことに対し合理性を要件として許容する判断を示しました。したがって、就業規則の新設の場合と同様、既存の就業規則に新条項を定めることによって従前の労働条件を変更する場合も、労働契約法10条は適用されます。

この点、前掲「労働契約法の施行について」第３の４(3)ウも「『就業規則の変更』には、就業規則の中に現に存在する条項を改廃することのほか、条項を新設することも含まれる」としており、既存の就業規則に新条項を定めることによって従前の労働条件を変更する場合に労働契約法10条の適用があることを明らかにしています。

（山﨑貴広）

Q22　労使慣行の就業規則による変更

長期間にわたって反復継続された労使慣行が労働契約の内容となっている場合、就業規則を変更することによって、当該労働契約の内容を変更することはできますか。

Answer

労使慣行が長期間にわたって反復継続されているとき、一定の場合には、当事者の黙示的合意が成立しているものとして、あるいは、事実たる慣習（民法92条）として、当該労使慣行が、労働契約の内容となることがあります。

このように労使慣行によって労働契約の内容となった労働条件を、就業規則を変更することにより変更する場合は、通常の場合における労働契約の内容である労働条件を就業規則により変更する場合と変わることはなく、労働契約法10条の適用があります。

したがって、長期間にわたって反復継続された労使慣行が労働契約の内容となっている場合、就業規則を変更することによって、当該労働契約の内容を変更することは、労働契約法10条が要求する、当該就業規則の周知とその内容の合理性を満たす場合には可能です。

解　説

1｜労使慣行の意義

労働関係では、労働条件、職場規律、組合活動などについて、就業規則、労働協約などの規定に基づかない取扱いないし処理の仕方が、長期間、反復継続して行われ、それが使用者と労働者の双方に対して事実上の規定のように機能することがあります。

このような取扱いないし処理の仕方は、「労使慣行」といいます（菅野・

167頁、岩出・大系57頁等)。

労使慣行は、当事者の黙示的合意が成立しているものとして、あるいは、当事者がこの「慣習による意思を有しているもの」(民法92条)として、労働契約の内容となることがあります。

労使慣行が労働契約の内容となるための要件として、裁判例(南大八戸ノ里ドライビングスクール事件・大阪高判平成5・6・25労判679号32頁(最一小判平成7・3・9労判679号30頁で維持))によると、①同種の行為または事実が一定の範囲において長期間反復継続して行われていたこと、②労使双方が明示的にこれによることを排除・排斥していないこと、③当該慣行が労使双方の規範意識(使用者側においては、当該労働条件についてその内容を決定しうる権限を有している者か、またはその取扱いについて一定の裁量権を有する者の規範意識)によって支えられていることが要求されています(同旨の判断として、基準額を定める労働協約が14年間にわたって締結され、それに基づいて一時金が支給されていたとしても、その旨の労使慣行が成立していたとはいえないとしつつも、少なくとも年6か月の一時金を支給することが労働契約の内容となっていたとした立命館(未払一時金)事件・京都地判平成24・3・29労判1053号38頁等があります)。

なお、裁判所は、特に組合活動との関係については、労使慣行の認定にやや慎重な傾向があります(岩出・大系57頁)。たとえば、高見澤電機製作所事件・長野地上田支判平成16・2・27労判871号14頁、東京高判平成17・3・30労判911号76頁では、使用者が、35年間にわたり定期昇給基準を各年度において事実上実施したのは、組合との団体交渉の結果の合意を踏まえ、定期昇給の具体的昇給基準については毎年組合との団体交渉の場において検討するとの認識に基づくもので、規範意識に支えられているものとはいえず、定期昇給を労使慣行として、これが法的拘束力を有するに至ったとまで認めることはできないと判断しました。

2　就業規則による労使慣行の変更

上記1のとおり、労使慣行は一定の要件を満たす場合には、労働契約の内容となります。それゆえ、このように労使慣行によって労働契約の内容となった労働条件を、就業規則を変更することにより変更する場合は、通常の場合における労働契約の内容となった労働条件を就業規則により変更する場合と変わりません。

したがって、労使慣行によって労働契約の内容となった労働条件を就業規則により変更しようとする場合は、労働契約法10条の適用があり、当該就業規則の周知とその内容の合理性が要求されることとなります。

また、従来、就業規則が存在せずに労使慣行が労働契約関係を規律してきた場合に、新規に就業規則を作成してこの労使慣行を変更する場合は、Q21の場合と同様であり、労働契約法10条の類推適用があると解されます。

なお、労使慣行は労働協約の解釈基準として労働協約と一体のものと認められる場合があり、このような場合には、労働協約の解約ないし改正の方法により変更をしなければなりません。

3　就業規則と異なる労使慣行が労働契約の内容となっている場合の処理方法

労使慣行が労働契約となる要件として、使用者の規範意識を要求する裁判例の立場からは、実際上、あまり想定されませんが、たとえば、始業午前9時と就業規則に定めがあるにもかかわらず、午前9時10分までに出勤すれば遅刻扱いとしないという労使慣行が労働契約の内容となっているとされた場合のように、就業規則と異なる労使慣行が労働契約の内容となることが理論上は考えられます（かかる労使慣行が就業規則よりも不利益な場合は、就業規則の最低基準効（労働契約法12条）との関係で、そもそもこのような労使慣行が労働契約の内容となることはありません）。

このような場合に、労使慣行を破棄するために、すなわち、就業規則どおりの労働契約関係を確立するために、企業としてはどのような方策をとり得るかが問題となります。

就業規則と異なる労使慣行が契約内容となっていたということは、就業規則の当該条項は、その限りで失効していたと考えることとなります。そうすると、文言上は、従前と同一の就業規則を、現状の労使慣行を変更する趣旨で周知する行為が「就業規則の変更」に該当する、あるいは変更に準ずる行為とみて、労働契約法10条を適用することとなると解されます（荒木・396頁）。

この点、シオン学園（三共自動車学校・賃金体系等変更）事件・東京高判平成26・2・26労判1098号46頁が、教習指導員らに対し、一律に基本給を22万9200円とする、就業規則を上回る内容の労使慣行が成立し、年齢給、勤続給、技術給および調整給についても、これらを支給する労使慣行が成立していると判断したうえで、上記の処理により労働契約の変更を認めた点が参考となります。

（山﨑貴広）

Q23 就業規則の変更手続

就業規則を変更した場合、使用者は、どのような手続を行う必要がありますか。

Answer

使用者は、就業規則を変更した場合、次の３つの手続を行わなければなりません。

① 就業規則の所轄労働基準監督署長への届出

② 過半数労働組合または労働者の過半数代表者への意見聴取

③ 変更後の就業規則の周知

解　説

1 就業規則の変更に係る手続

就業規則の変更に係る手続について、労働契約法11条は次のとおり定めています。

（就業規則の変更に係る手続）
第11条　就業規則の変更の手続に関しては、労働基準法（昭和22年法律第49号）第89条及び第90条の定めるところによる。

就業規則に関する規律は、労働契約法第２章のほか、労働基準法第９章においても定められています。

使用者は、就業規則に関して、法の規定の趣旨および内容を理解するとともに、労働基準法の規定について遵守しなければならないところ、労働契約法11条は、就業規則の変更の手続は、労働基準法89条および90条の定めるところによることを規定することで、それらの手続が重要であることを明らかにした規定と解されます（「労働契約法の施行について」第３の５(1)（平成24年８月10日基発0810第２号、最終改正平成30年12月28日基発1228第17号））。

なお、労働契約法11条が示す労働基準法上の就業規則の変更に係る手続は、①変更後の就業規則の所轄労働基準監督署長への届出（労働基準法89条）および②過半数労働組合等への意見聴取（同法90条）ですが、他の手続として、労働契約法10条および労働基準法106条１項が、③変更後の就業規則の労働者への周知を求めています（この周知の内容については、後述４のとおり）。

したがって、使用者は、就業規則を変更する場合は、上記①～③の各手続を履践する必要があります。

2 届出義務（①）

常時10人以上の労働者を使用する使用者は、変更後の就業規則を所轄の労働基準監督署長に届け出なければなりません（労働基準法89条）。

ここで、「常時」とは、「常態として」の意味であり、一時的に10人未満であっても通常10人以上使用していれば、労働基準法の適用はあります。また、10人には、契約社員、臨時工などの非典型雇用労働者等すべての労働者が含まれます（ただし、派遣労働者は、派遣先企業に雇用される労働者ではないので、事業場の労働者には含まれません）。

就業規則の届出は、労働基準法上、本社、支店、工場等がある場合は、原則として、各事業場を管轄する労働基準監督署長に行わなければなりませんが、各事業場の就業規則の内容が同一の場合には、一定の要件の下で、本社を管轄する労働基準監督署長に一括して届け出ることも認められています（「時間外休日労働協定の本社一括届出に係る取扱いについて」平成15年２月15日基発0215001号）。

なお、本社での一括届出が認められている一方で、後述する従業員の過半数代表者からの意見聴取は、事業場ごとになされなければならないという点には留意が必要です。

3 意見聴取義務（②）

使用者は、就業規則の変更について、当該事業場に、労働者の過半数で組織する労働組合がある場合においてはその労働組合、労働者の過半数で組織する労働組合がない場合においては労働者の過半数を代表する者の意見を聞かなければなりません（労働基準法90条1項）。そして、上記①の届出の際に、その意見を記した書面を添付しなければなりません（同条2項）。

ここで、「労働者の過半数で組織する労働組合」とは、当該事業場のすべての労働者のうち過半数の者で組織する労働組合を意味し、「労働者の過半数を代表する者」とは、当該事業場の労働者が参加し得る投票または挙手等の方法によって選出した代表者を意味します（労働基準法施行規則6条の2）。

意見聴取は、文字どおり意見を聞けば足り、同意を得る、あるいは協議をするということまでは要求されません。労働基準法の立法過程では、過半数代表者の同意を要求することも検討されましたが、罰則付きで作成義務を課しつつ同意を要求することは、労使の自由な取引による労働条件決定の基本原則に反するとして、意見聴取義務にとどまりました（荒木・345頁）。

仮に労働者を代表する労働組合または労働者代表が意見表明を拒み、または意見を記した書面の提出を拒む場合には、「意見を聴いたことを証明できる限り」受理されます（「就業規則の受理」昭和23年5月11日基発735号等）。

4 周知義務（労働契約法10条、労働基準法106条）（③）

就業規則による労働条件の不利益変更については、変更後の就業規則を労働者に周知させることが必要となります（労働契約法10条、労働基準法106条）。

労働契約法10条の「周知」とは（労働基準法の「周知」ではないので注意）、①常時各作業場の見やすい場所へ掲示し、または備え付けること、②書面を労働者に交付すること、③磁気テープ、磁気ディスクその他これらに準ずる物に記録し、かつ、各作業場に労働者が当該記録の内容を常時確認できる機器を設置すること等の方法により、労働者が知ろうと思えばいつでも就業規則の存在や内容を知り得るようにしておくといった、実質的周知で足り、このように周知させていた場合には、労働者が実際に就業規則の存在や内容を知っているか否かにかかわらず、労働契約法上の「周知」は満たすと解されます（前掲「労働契約法の施行について」第３の４⑶エ、同２⑵イ㈱および㈲、フジ興産事件・最二小判平成15・10・10労判861号５頁）。

また、労働契約法10条の「周知」は、就業規則の定める労働条件が労働契約の内容となる前提要件となるため、周知対象が適切・的確であることが要請されます。たとえば、中部カラー事件・東京高判平成19・10・30労判964号72頁は、退職金減額があることを朝礼で言及していたとしても、どのように減額されるのかについて具体的説明がなされておらず、就業規則を休憩室の壁に掛けていても、退職手当の具体的決定・計算方法に関する規定を添付していない場合には、実質的周知がされたとはいえないと判断しました。

以上の労働契約法の「周知」とは別に、就業規則の周知に関し、労働基準法106条１項は、法令や労使協定と同様に、使用者に就業規則の周知義務を課しています。

労働基準法は、「周知」の方法について、上記①から③までのいずれかの方法に限定している点には留意が必要です（③については、労働基準法施行規則52条の２）。

労働契約法７条の「周知」は、これらの三方法に限定されるものではありませんが（前掲「労働契約法の施行について」第３の２⑵イ㈲）、労働基準法106条１項の違反には罰則もあり得るため（労働基準法120条１項）、これらの周知方法をとることが実務上は安全といえます。

5 各手続を怠った場合

⑴ 罰　則

使用者は、労働基準法109条（届出義務）、110条（意見聴取義務）、および106条１項（周知義務）に違反した場合、30万円以下の罰金に処されることがあります（労働基準法120条１項）。

⑵　就業規則の効力への影響

労働契約法10条は、Q19のとおり、変更後の就業規則が周知され、当該就業規則の内容が合理的なものである場合に、当該変更後の就業規則に定める内容が労働契約の内容となる効力を定めています。

労働基準法89条および90条の手続が履践されていることは、この効力を生じさせるための要件ではなく、合理性判断に際して考慮され得るものであると解されます（前掲「労働契約法の施行について」第３の５⑵イ㈹）。

一方、周知手続については、上記４のとおり、労働契約法10条の効力を認める限りでは、実質的周知で足りると解されていますが、労働契約法10条の効力を発生させるための要件と解されているため、注意が必要です。

（山﨑貴広）

第5章

労働契約の継続

Q24　出向命令権の濫用

使用者は労働者に対し、どのような場合であれば、出向を命ずることができますか。

Answer

使用者が労働者に対し出向を命ずるためには、まず、労働者の個別的同意を得るか、個別的同意を得られない場合であれば、就業規則、出向規程ないし労働協約等において、「会社は、業務上必要がある場合は、社員に出向を命ずることができる」といった一般的な規定が設けられていることに加え、出向期間中の労働条件、出向期間、勤続年数の取扱い等に関する具体的な規定が整っていることが必要となります。

また、使用者が労働者に対し出向を命ずることができる場合であっても、当該出向の命令が、その必要性、対象労働者の選定に係る事情その他の事情に照らして、その権利を濫用したものと認められる場合には、当該出向命令は無効となります。

解　説

1　出向とは

出向とは、労働者が自己の雇用先の企業に在籍のまま、他の企業の従業員（ないし役員）となって当該他企業の業務に従事することをいいます（菅野・735頁）。

出向は、子会社・関連会社への経営・技術指導、従業員の能力開発・キャリア形成、雇用調整、中高年齢者の処遇などの目的のために活発に行われています。

出向は、出向元との間の労働契約に基づく従業員たる地位を保有したまま行われるという点で、Q25で解説する、出向元との労働契約を終了させることを前提とする転籍とは異なり、また出向先が当該労働者に対する労務遂行に関する指揮命令権を有するという点で、出向元が労務遂行に関する指揮命令権を有し続ける配転とは異なります。

2 出向命令権の制限

出向に関し、労働契約法14条は、次のとおり定めています。

> （出向）
> 第14条　使用者が労働者に出向を命ずることができる場合において、当該出向の命令が、その必要性、対象労働者の選定に係る事情その他の事情に照らして、その権利を濫用したものと認められる場合には、当該命令は、無効とする。

出向は、大企業を中心に広く行われ、出向の権利濫用が争われた裁判例もみられていました。そして、出向が労務の提供先が変わることによる労働者への影響も大きいと考えられることから、権利濫用に該当する出向命令による紛争を防止する必要があるという観点から労働契約法14条が規定されました（「労働契約法の施行について」第４の１(1)（平成24年８月10日基発0810第２号、最終改正平成30年12月28日基発1228第17号））。

3 出向命令権の根拠

出向は、法律的には、出向元が労働者に対して有する権利の一部譲渡と解されるため、民法625条１項の「労働者の承諾」が必要と解されます。

したがって、労働者の個別的同意があれば、使用者は、当該労働者に対し、出向を命ずることができます。

労働者の個別的同意がない場合については、民法625条１項の「労働者の承諾」は権利の譲渡時の個別的同意であることを要せず、事前の包括的同意も許されると解されているものの、出向が労務提供先の会社が変更されるにとどまらず、労働者の立場が不安定になる場合や労働条件に不利益が生じる可能性もあるなど、労働者の地位に与える影響が大きいことから、Q25の配転とは異なり、就業規則に出向を命ずることができる旨の一般的な規定があることのみでは不十分と解されています（佐々木宗啓ほか『類型別労働関係訴訟の実務』（青林書院、2017年）223頁）。

この点、新日本製鐵事件（日鐵）・最二小判平成15・4・18労判847号14頁は、出向命令を、「いわゆる在籍出向を命ずるもの」としたうえで、当該労働者の「入社時及び本件各出向命令発令時の……就業規則には、『会社は従業員に対し業務上の必要によって社外勤務をさせることがある。』という規定があ」り、同人らに「適用される労働協約にも社外勤務条項として同旨の規定があり、労働協約である社外勤務協定において、社外勤務の定義、出向期間、出向中の社員の地位、賃金、退職金、各種の出向手当、昇格・昇給等の査定その他処遇等に関して出向労働者の利益に配慮した詳細な規定が設けられている」などの事情の下で、使用者は労働者に対し、その個別的同意なしに、「出向命令を発令することができる」と判示しました。同判決では、「出向労働者の利益に配慮した詳細な規定」が就業規則、労働協約等に定められていることが出向命令を有効とする要素と解されていますが、同判決はあくまで事例判決で、一般的な規範を示したものではないと解されてきました。しかし、その後の裁判例（リコー（子会社出向）事件・東京地判平成25・11・12労判1085号19頁等）や学説では、この判示が引用されることが増えています。

したがって、使用者が、労働者に対し、個別的同意を得ることなく出向を命ずるためには、就業規則、出向規程ないし労働協約等において、「会社は、業務上必要がある場合は、社員に出向を命ずることができる。」といった一般的な規定が設けられていることに加え、出向期間中の労働条件、出向期間、勤続年数の取扱い等に関する具体的な規定が整っていることを要すると解されます（佐々木ほか・前掲書224頁）。

なお、対労働者との関係とは別に、出向先と出向元との間で、出向の対象となる労働者を受け入れる合意（出向契約）が必要となります。

4 出向命令権の濫用

上記3のとおり使用者の出向命令権が認められる場合であっても、「当該出向の命令が、その必要性、対象労働者の選定に係る事情その他の事情に照らして、その権利を濫用したものと認められる場合には、当該命令は、無効」とされます（労働契約法14条）。具体的には、①出向の必要性においては、企業経営上当該出向を行うことの業務上の必要性の有無とその程度、②対象労働者の選定においては、人選基準の合理性とその具体的適用の合理性、③その他の事情においては、労働者が出向により被る生活関係や労働条件等における不利益の有無やその程度、出向命令に至る手続の相当性などが考慮されます（荒木尚志＝菅野和夫＝山川隆一『詳説労働契約法〔第２版〕』（弘文堂、2014年）154頁）。

たとえば、前掲新日本製鐵（日鐵）事件は、使用者が、鉄鋼業界の構造的不況に際し、人員削減を内容とする「中期総合計画」の下で、非生産的とされた構内輸送部門の合理化と人員の雇用調整のため、組合との団体交渉を経て、子会社への業務委託化─出向を内容とする再構築計画を策定、対象者の選定を行い、各対象者に承諾を求めるという方法で出向者を決定したという事情の下、同意をしなかった労働者らが、出向命令等の有効性を争った事案につき、「構内輸送業務のうち鉄道輸送部門の一定の業務を日鐵運輸に委託することとした経営判断が合理性を欠くものとはいえず、これに伴い、委託される業務に従事していた被上告人の従業員につき出向措置を講ずる必要があったということができ、出向措置の対象となる者の人選基準には合理性があり、具体的な人選についてもその不当性をうかがわせるような事情はない。また、本件各出向命令によって上告人らの労務提供先は変わるものの、その従事する業務内容や勤務場所には何らの変更はなく、上記社外勤務協定による出向中の社員の地位、賃金、退職金、各種の出向手当、昇格・昇給等の査定その他処遇等に関する規定等を勘案すれば、上告人らがその生活関係、労働条件等において著しい不利益を受けるものとはいえない。そして、本件各出向命令の発令に至る手続に不相当な点があるともいえない」とし、権利濫用該当性を否定しました。

そのほかにも、川崎製鉄事件・大阪高判平成12・7・27労判792号70頁が、出向先の労働条件が通勤事情等を考慮して出向元と比べて著しく劣悪となるか否か、出向対象者の人選が合理性を有し妥当なものであるか、出向の際の手続に関する労使間の協定が遵守されているか否か等の諸点を総合考慮すべきとの一般論を示し、権利濫用を否定した点や、前掲リコー事件が、大量の希望退職募集（退職勧奨）を拒否した者がいずれも出向とされた事案において、人事部によって余剰人員が各部門一律に所属正社員の6％と設定され、それらの者に対して退職勧奨とそれを拒否した場合の自動的な出向対象者選定が行われており、部門ごとのきめ細やかな事業実績や経営予測を検討したうえでの合理的な人選とはいえず、退職勧奨拒否を翻意させ自主退職とすることを期待して行ったものとみるのが相当であるとして、権利濫用を肯定した点は実務上参考となります。

（山﨑貴広）

Q25 出向以外の異動命令権の濫用

出向命令以外の異動命令にはどのようなものがありますか。それらの異動命令は労働契約法上、どのような場合に認められますか。

Answer

出向命令以外の異動命令には、従業員の配置の変更であって、職務内容または勤務場所が相当の長期にわたって変更されるという配転と、労働者が自己の雇用先の企業から他の企業へ籍を移して当該他企業の業務に従事するという転籍があります。

使用者は、職種限定・勤務地限定合意が存在しない場合で、就業規則等において「業務上の必要性がある場合には配転を命ずることができる」等の規定が設けられている場合に配転命令を行うことができますが、配転命令は、①業務上の必要性が存在することが必要となり、仮に業務上の必要性を肯定できるとしても、②不当な動機・目的をもってなされたとき、または、③労働者に対して通常甘受すべき程度を著しく超える不利益を負わせるものであるときなど特段の事情がある場合は、権利濫用として無効となります。

また、転籍命令については、労働者の個別的同意が必要となり、同意があったとしても、その意思表示に瑕疵がある場合には、当該転籍命令は、転籍命令権の根拠を欠くものとして無効となります。

解　説

1 出向以外の異動命令

出向命令以外の異動命令には、配転と転籍があります。

配転とは、従業員の配置の変更であって、職務内容または勤務場所が相当の長期にわたって変更されるものをいいます。「配置換」ともよばれ、このうち、同一勤務地（事業所）内の勤務個所（所属部署）の変更を「配置転換」といい、勤務地の変更が「転勤」と称されます（菅野・727頁）。

配転は、使用者にとって、経営組織を効率的に動かし、多様な能力と経験をもった人材を育成するために必要とされます。

他方、転籍とは、労働者が自己の雇用先の企業から他の企業へ籍を移して当該他企業の業務に従事することをいいます（菅野・735頁）。

転籍は、Q24で解説した出向と同様、子会社・関連会社への経営・技術指導、従業員の能力開発・キャリア形成、雇用調整、中高年齢者の処遇などの目的のために行われています。

以下では、配転と転籍を、使用者がどのような場合に行うことができ、また行えるとした場合、労働契約法上でどのような制限を受けるかについて解説を行います。

2 配転命令

(1) 配転命令権の根拠

配転に関し、労働契約法は、直接定めていません。そのため、使用者の配転命令権がどのような場合に認められるかが問題となります。

配転命令権の根拠について、学説では、労働契約に特定がない限り勤務地・職務の変更を命じる配転命令権が認められるとする包括的同意説と、使用者は個々の労働契約の予定する範囲内で配転命令権を有すると解する労働契約説がありますが、後者が通説とされます。

もっとも、実務上は、就業規則において、「業務上の必要性がある場合には配転を命ずることができる」との規定が設けられていることがほとんどであり、労働契約説もこのような一般規定が配転命令権の根拠となると解しているため、両説の違いが生じることは多くはありません。

この点、最高裁判所は、後述する転居を伴う配転命令について、配転命令権濫用の判断枠組みを示した東亜ペイント事件・最二小判昭和61・7・14労判477号6頁において、①労働協約・就業規則の根拠規定、②頻繁な転勤の実施の実態、③勤務地限定の合意の不存在といった考慮要素から、転居を伴う配転命令権を認めました。単に③のみから配転命令権を認めていないことからも、判例は、労働契約説に親和的といえます。

なお、配転命令権の有無につき、就業規則には配転命令権に関する定めがなく、求人広告にも配転に結びつきうる記載がなく、採用面接時に転居を伴う異動の可能性があることについての説明が全くなされておらず、転居を伴う配転実績も20年間で２件程度であり、管理職という立場で採用されたということから直ちに転居を伴う配転を契約上想定すべきとまではいえないことから、労働契約において転居を伴う配転が客観的に予定されていたとはいえず、会社に本件配転命令をする権限があったとは認められないとされた例（仲田コーティング事件・京都地判平成23・9・5労判1044号89頁）があります。

(2)　職種限定・勤務地限定の合意

使用者の配転命令権が就業規則等に定められている場合であっても、使用者と労働者との間に、職種ないし勤務地を限定する合意（労働契約法７条ただし書）が成立している場合には、使用者は当該労働者に対し配転を命ずることはできません。

(A)　職種限定合意

職種限定合意とは、労働契約において、労働者を一定の職種に限定して配置する旨の使用者と労働者との合意をいいます。

職種限定の合意が認められる場合、使用者が当該労働者の職種を変更することは労働契約の内容である労働条件を変更することになるため、使用者は、労働者の同意を得ない限り、他職種への配転を命ずることはできません（労働契約法８条）。

一般に、医師、弁護士、公認会計士等の専門職、看護師、ボイラーマンなどの特殊な技術・技能・資格を有する者等には職種の限定があると考えられています。しかし、このような特殊技能者であっても、長期雇用を前提とした採用の場合には、当分の間は職種がそれに限定されているものの、長期の勤続とともに他職種に配転され得るとの合意が成立していると解される例もあります（たとえば、九州朝日放送事件・最一小判平成10・9・10労判757号20頁は、アナウンサーとしての業務に特殊技能が必要であることを認めつつも、採用時にはアナウンサーとしての格別の特殊技能があったとまではいえず、就業規則にも職種限定の規定がないこと、アナウンサーが一定年齢に達すると他の職種へ配転することが頻繁に行われていたことなどを考慮し、職種限定の合意の成立を否定しました）。

裁判例の中には、採用時には、特約や専門技能がなくとも、採用後の特別な訓練、養成を経て一定の技能・熟練を修得し、長期間当該業務に従事してきた者の労働契約が、その職種に限定されているとされることもありますが（日野自動車工業事件・東京地判昭和42・6・16労民18巻3号648頁）、多角経営化、技術革新の激しい今日においては、職種の限定の合意は、単に同一の仕事に長年継続して従事してきたことのみでは認められがたいといえます（岩出・大系300頁）。たとえば、日産自動車村山工場事件・最一小判平成元・12・7労判554号6頁は、十数年から二十数年間、機械工として就労してきた労働者について、職種限定の合意の成立を否定しました。また、近時の例では、監査室長の業務に従事していた労働者が同業務を外されたことを争った事案につき、KSAインターナショナル事件・京都地判平成30・2・28労判1177号19頁は、「配置転換のない職種限定としての労働契約が締結されたと認め得るためには、就業規則の例外が定められたと認め得るに足りる契約書の記載や客観的な事情が必要であると解される」としたうえで、契約書に「従事すべき業務の内容」として「経営管理本部（本部長付）・A監査室（室長）関連業務およびそれに付随する業務全般」と記載があった点について「職種限定合意がない場合でも、労働契約書や労働条件通知書において当面従事すべき業務を記載することは通常行われることであるから、上記の記載をもって直ちに職種を限定する趣旨であると認めることはできない」と職種限定合意の有無を厳格に判断している点が実務上参考になります。

(B)　勤務地限定合意

勤務地限定合意とは、雇用契約において、労働者を一定の勤務場所に限定して配置する旨の合意をいいます。

勤務地限定の合意が認められる場合、使用者が当該労働者の勤務地を変更することは労働契約の内容である労働条件を変更することになるため、使用者は、労働者の同意を得ない限り、他の勤務地への配転を命ずることはできません（労働契約法８条）。

本社採用の大学卒正社員のように当該企業全体において長期的にキャリアを発展させていく雇用の場合には、勤務場所が特定しておらず、全国の支店・営業所・工場などのどこにでも勤務することが前提となっており、勤務地限定の合意が認められないのが通常です（前掲東亜ペイント事件等）。

他方で、採用面接において、労働者が、採用担当者に対し、家庭の事情で転勤できない旨を明確に述べていたところ、会社は転勤があり得ることを明示せず、何らの留保をつけることなく採用に至った事情の下、勤務地限定の合意を認めた例もあります（新日本通信事件・大阪地判平成９・３・24労判715号42頁）。

⑶　権利濫用

(A)　権利濫用の判断枠組み

Q24で解説したとおり、労働契約法14条は、出向について権利濫用として無効となる場合を定めています。しかし、労働契約法は、配転命令権が無効となる場合を定めていません。そのため、配転命令権は、労働契約における権利濫用の一般論を定めた労働契約法３条５項の規律に服することとなると考えられます。

もっとも、前掲東亜ペイント事件は、配転命令権の権利濫用に係る判断枠組みを次のとおり示しました。すなわち、最高裁判所は、「使用者は業務上の必要に応じ、その裁量により労働者の勤務場所を決定することができるものというべきであるが、転勤、特に転居を伴う転勤は、一般に、労働者の生活関係に少なからぬ影響を与えずにはおかないから、使用者の転勤命令権は無制約に行使することができるものではなく、これを濫用することの許されないことはいうまでもないところ、当該転勤命令につき業務上の必要性が存しない場合又は業務上の必要性が存する場合であっても、当該転勤命令が他の不当な動機・目的をもってなされたものであるとき若しくは労働者に対し通常甘受すべき程度を著しく超える不利益を負わせるものであるとき等、特段の事情の存する場合でない限りは、当該転勤命令は権利の濫用になるものではないというべきである。」と判示しました。

同判例の判断枠組みはその後の実務に定着し、現在では、配転命令は、①業務上の必要性が存在することが必要となり、仮に業務上の必要性を肯定できるとしても、②不当な動機・目的をもってなされたとき、または、③労働者に対して通常甘受すべき程度を著しく超える不利益を負わせるものであるときなど特段の事情がある場合は、権利濫用として無効となります（労働契約法3条5項、民法1条3項）。

⒝　**業務上の必要性**

業務上の必要性については、前掲東亜ペイント事件が「当該転勤先への異動が余人をもっては容易に替え難いといった高度の必要性に限定することは相当でなく、労働力の適正配置、業務の能率増進、労働者の能力開発、勤務意欲の高揚、業務運営の円滑化など企業の合理的運営に寄与する点が認められる限りは、業務上の必要性の存在を肯定すべきである。」と判示しており、緩やかに判断されています。

⒞　**不当な動機・目的**

不当な動機・目的の典型的なものは、退職に追い込む目的で労働者にその職務経歴にふさわしくない業務を割り当てる場合や退職勧奨を拒否したことに対する嫌がらせ目的で行われる場合です（フジシール（配転・降格）事件・大阪地判平成12・8・28労判793号13頁等）。オリンパス事件・東京高判平成23・8・31労判1035号42頁が、取引先の従業員の引き抜き等を会社が設置したコンプライアンス室に内部通報した従業員を3度にわたり配置転換した場合において、最初の配転命令が内部通報をしたことを動機とする不当なものであり、続く2度の配転命令がその延長であるとし、いずれも無効とした点は注目されます。

しかし、事案による性格上、逆に、不当な目的でないとされた例も少なくありません（岩出・大系305頁）。

(D)　労働者に対し通常甘受すべき程度を著しく超える不利益

労働者に対し通常甘受すべき程度を著しく超える不利益については、家庭生活上の不利益や職業上の不利益が考慮されます。

家庭生活上の不利益については、たとえば、明治図書出版事件・東京地決平成14・12・27労判861号69頁が、育児休業、介護休業等育児又は家族介護を行う労働者の福祉に関する法律（育児・介護休業法）26条に規定する配転の際に使用者の家庭生活上の不利益に係る配慮義務に言及し、同条の配慮は「労働者が配置転換を拒む態度を示しているときは、真摯に対応することを求めているものであり、既に配転命令を所与のものとして労働者に押しつけるような態度を一貫してとるような場合は、同条の趣旨に反」するとし、東京本社から大阪支社への転勤命令につき、共稼ぎ夫婦における重症のアトピー性皮膚炎の子の育児の不利益は、通常甘受すべき程度を著しく超えると判断した点が参考となります。

また、職業上の不利益については、エルメスジャポン事件・東京地判平成22・２・８労経速2067号21頁は、皮革製品や衣料等の輸入販売を行う会社で、労働者が情報システム専門職から倉庫係への配転を命じられた場合において、職種限定合意の成立を否定しつつも、労働者のシステムエンジニアとしての経歴、情報技術に関する経歴と能力を見込まれて情報システム専門職として中途採用されたこと等を指摘し、「情報システム専門職としてのキャリアを形成していくという原告の期待に配慮せず、その理解を求める等の実質的な手続を履践することもないまま、その技術や経験をおよそ活かすことのできない、労務的な側面をかなり有する業務を担当する銀座店ストックに漫然と配転したものといわざるを得ない」とし、権利濫用を認めた点が参考となります。

3 転　籍

(1) 転籍命令の根拠

転籍は、転籍元との労働契約を終了させたうえで、転籍先との間に新たな労働契約を成立させるものです。

転籍の法的構成については、転籍元企業との労働契約を合意解約するとともに、転籍先企業との間で新たな労働契約を締結するとの構成と、労働契約上の地位を包括的に譲渡するもの（民法625条１項）との構成が考えられますが、いずれの構成にしろ、労働者の同意が必要となります。

そして、この同意については、判例及び学説上、労働者の個別的同意をそのつど要すると解されています。

(2) 転籍命令が無効となる場合

上記(1)のとおり、転籍には、原則、労働者の個別的同意が必要とされるため、労働者の同意がない場合は当然のことながら、同意があったとしても、その意思表示に瑕疵がある場合には、当該転籍命令は、転籍命令権の根拠を欠くものとして無効となります。

企業としては、転籍に係る条件等を十分に説明したうえで、当該労働者からの同意を得ることが肝要となります。

（山﨑貴広）

Q26 懲戒権の濫用

労働契約法上、使用者は労働者に対し、懲戒処分をどのような場合に行うことができますか。

Answer

使用者が労働者に対し、懲戒処分を行うためには、まず、①懲戒処分の根拠規定が存在することが必要です。そして、労働契約法15条は、懲戒処分について、「当該懲戒が、当該懲戒に係る労働者の行為の性質及び態様その他の事情に照らして、客観的に合理的な理由を欠き、社会通念上相当であると認められない場合は、その権利を濫用したものとして、当該懲戒は、無効とする」と定めており、使用者が懲戒処分を行うためには、上記①に加え、②労働者の行為が懲戒事由に該当すること（「客観的に合理的な理由」）と③当該処分が「社会通念上相当」といえることが必要となります。

解　説

1 懲戒処分の意義

懲戒処分とは、従業員の企業秩序違反行為に対する制裁罰であることが明確な、労働関係上の不利益措置と定義されます（菅野・700頁）。

懲戒処分は、使用者からすれば、企業の秩序・利益を維持するために不可欠な制度ですが、一方で、労働者にとっては、労働関係上の不利益を受ける制度です。

したがって、懲戒処分をめぐる労使間の紛争は、労働契約法成立以前から現在に至るまで、跡を絶ちません。

2 懲戒処分の種類

懲戒処分の種類には、主に、けん責・戒告、減給、降格、出勤停止、諭旨解雇、懲戒解雇があります。

(1) けん責・戒告

けん責とは、始末書を提出させて将来を戒める処分を意味します。これに対し、戒告とは、将来を戒めるのみで始末書の提出を伴わない処分を意味します。

労働者は、けん責・戒告自体により、直ちに実質的な不利益を受けるというものではありませんが、昇給、昇格、一時金の支給等の人事査定において不利に斟酌されるという不利益を被ることとなります。

(2) 減　給

減給とは、本来ならば労働者が現実になした労務提供に対応して受けるべき賃金額から一定額を差し引く処分をいいます。

減給については、労働基準法が「1回の平均賃金の1日分の半額を超え、総額が1賃金支払期における賃金の総額の10分の1を超えてはならない」と制限をおいている点には留意が必要です（労働基準法91条）。

(3) 降　格

降格とは、役職・職位・職能資格などを引き下げる処分を意味します。

降格は、企業の人事権行使として行われる場合もありますが、懲戒処分として行われる場合もあります。なお、降格を懲戒処分として行う場合は、懲戒の種類として、降格があることを就業規則等に定めておく必要があります。

(4) 出勤停止

出勤停止とは、労働契約を存続させながら労働者の就労を一定期間禁止する処分を意味します。

通常、出勤停止期間中には賃金は支給されませんが、このことは、出勤停止の当然の結果であって、減給について定めた労働基準法91条とは無関係とされています（昭和26年３月31日基収2177号）。

⑸　諭旨解雇

諭旨解雇とは、退職届もしくは辞表の提出を勧告し、所定期間内に勧告に応じない場合は懲戒解雇とする処分を意味します。

なお、諭旨解雇は、依願退職のような形式をとりますが、懲戒処分の一種であるため、その法的効果は懲戒解雇同様に争いとなります。

⑹　懲戒解雇

懲戒解雇は、懲戒処分の極刑です。

通常、解雇予告も予告手当の支払いもなされることなく、即時解雇がなされ、また、退職金の一部または全部が支給されないことも多いものです。

ただし、懲戒解雇事由と労働基準法の解雇予告除外認定事由（労働基準法20条１項ただし書）は、必ずしも一致するものではありません。

また、懲戒解雇に伴う退職金不支給は、このことを退職金規程等に明記して労働契約の内容としたうえで、かつ、労働者のそれまでの勤続の功を抹消ないし減殺してしまうほどの著しく信義に反する行為があった場合に限り認められると解されています。たとえば、裁判例の中には、懲戒解雇を相当としつつ、退職金については３割の支払いを命じた例（小田急電鉄事件・東京高判平成15・12・11労判867号５頁）や、子の別居を届け出ず単身赴任手当等を３年以上で400万円超不正受給したことにつき、懲戒解雇を相当としつつ、退職金については６割の不支給しか認めなかった例（KDDI事件・東京地判平成30・５・30労経速2360号３頁）等があります。このように、懲戒解雇が有効な場合であっても、退職金の金額不支給のハードルが高く設定されている点には留意が必要です。

3｜懲戒処分の根拠

そもそも、使用者が懲戒処分をいかなる法的根拠に基づきなし得るのかという問題につき、かねてより、使用者は規律と秩序を必要とする企業の運営者として当然に固有の懲戒権を有すると説明する固有権説と、使用者の懲戒処分は、労働者が労働契約において具体的に同意を与えている限度でのみ可能と説明する契約説の対立がありました。

最高裁判所（富士重工事件・最三小判昭和52・12・13民集31巻7号1037頁）は、懲戒処分の根拠について、「企業秩序は、企業の存立と事業の円滑な運営の維持のために必要不可欠なものであり、企業は、この企業秩序を維持確保するため、これに必要な諸事項を規則をもって一般的に定め、あるいは具体的に労働者に指示、命令することができ、また、企業秩序に違反する行為があった場合には、その違反行為の内容、態様、程度等を明らかにして、乱された企業秩序の回復に必要な業務上の指示、命令を発し、又は違反者に対し制裁として懲戒処分を行うため、事実関係の調査をすることができる」とし、一般論として、企業における秩序維持権限の存在を確認したうえで、就業規則等を定めて、秩序を維持し、そのために違反者への制裁としての懲戒処分ができることは当然であることを判示しました。

このように、判例は、労働者は労働契約を締結したことによって企業秩序遵守義務を負い、使用者は労働者の企業秩序違反行為に対して制裁罰として懲戒を科すことができると解し、固有権説に立っていると考えられてきました（その後の判例として、「使用者の懲戒権の行使は、企業秩序維持の観点から労働契約関係に基づく使用者の権能として行われる」と判示した、ネスレ日本事件・最二小判平成18・10・6労判925号11頁）。

しかし、他方で判例は、懲戒権を就業規則に明定して初めて行使できるものと解しており（フジ興産事件・最二小判平成15・10・10労判861号5頁）、実務上、上記の問題が顕在化することは多くはありません。

4｜懲戒処分の要件

(1) 労働契約法15条

労働契約法15条は、懲戒処分について、次のとおり定めています。

（懲戒）

> 第15条　使用者が労働者を懲戒することができる場合において、当該懲戒が、当該懲戒に係る労働者の行為の性質及び態様その他の事情に照らして、客観的に合理的な理由を欠き、社会通念上相当であると認められない場合は、その権利を濫用したものとして、当該懲戒は、無効とする。

懲戒は、使用者が企業秩序を維持し、企業の円滑な運営を図るために行われるものですが、労働契約法成立以前から懲戒の権利濫用が争われた裁判例がみられていました。また、懲戒は労働者に労働契約上の不利益を生じさせるものであることから、権利濫用に該当する懲戒による紛争を防止する必要がありました。

このような背景から、労働契約法15条は、権利濫用に該当するものとして無効となる懲戒の効力について規定しました（「労働契約法の施行について」第４の２（平成24年８月10日基発0810第２号、最終改正平成30年12月28日基発1228第17号））。

⑵　懲戒処分の要件

以上の内容を踏まえると、懲戒処分が有効と認められるための要件は、次のとおり整理することができます。

①　懲戒処分の根拠規定の存在（就業規則等への懲戒種別と懲戒事由の定め）

②　懲戒事由該当性（「客観的に合理的な理由」）

③　相当性（「社会通念上相当」）

5　懲戒処分の根拠規定の存在（就業規則等への懲戒種別と懲戒事由の定め）

まず、前提として、使用者に懲戒権が認められることが必要となりますが（「使用者が労働者を懲戒することができる場合」）、使用者が懲戒処分を行うためには、「あらかじめ就業規則において懲戒の種別及び事由を定めておくこと」が必要と解されています（前掲フジ興産事件。「その内容の適用を受ける事業場の労働者に周知させる手続が採られていること」も必要となります）。

なお、懲戒処分は、企業秩序維持義務違反に対する制裁罰であるところ、罪刑法定主義類似の要請が働くため、このような根拠規定は、それが制定される以前の違反に対してさかのぼって適用することはできません（不遡及の原則）。さらに、同一の事案に対し２回懲戒処分を行うことも許されません。

6｜懲戒事由該当性

次に、懲戒処分を行うためには、「客観的に合理的な理由」が必要となります。すなわち、労働者の具体的な非違行為が懲戒事由に該当する必要があります。

懲戒事由該当性については、労働契約法15条が「当該懲戒に係る労働者の行為の性質及び態様その他の事情に照らし」と定めるように、単に形式的に懲戒事由に該当するか否かだけではなく、実質的に判断されます。

特に、懲戒事由該当性は、処分の程度が増すほどに使用者の裁量は狭まり、とりわけ懲戒解雇・諭旨解雇では懲戒事由への該当性が厳密に判断される傾向にあります。

たとえば、会社に無断で業務関連情報を私物のハードディスクに記録して社外に持ち出したことに対する懲戒解雇の有効性が争われた乙山商会事件・大阪地判平成25・６・21労判1081号19頁では、「懲戒解雇は、懲戒処分の中でも従業員の身分を奪う最も重い処分であるから、懲戒解雇事由の解釈については厳格な運用がなされるべきであり、拡大解釈や類推解釈は許され」ないと判示したうえで、情報が外部に流出する危険性を生じさせただけで、実際に外部に漏洩した事実は認められない状況下では、「会社の業務上の機密及び会社の不利益となる事項を外に漏らさない」との服務規律に反しないとして懲戒解雇を無効と判断しました。

なお、会社が労働者に対し、ある非違行為を理由に懲戒処分を行った後に、新たに発見された別の非違行為を理由として懲戒処分を行うことは原則として認められません。たとえば、休日出勤命令を拒否し、さらにそれに続いて欠勤したことを理由に懲戒解雇を行った後に、経歴詐称が判明した事案につき、会社が同経歴詐称を処分理由に追加したことについて、最高裁判所は「懲戒当時に使用者が認識していなかった非違行為は、特段の事情のない限り、当該懲戒の理由とされたものではないことが明らかであるから、その存在をもって当該懲戒解雇の有効性を根拠付けることはできない」と判示しました（山口観光事件・最一小判平成８・９・26労判816号11頁）。

7 相当性

懲戒事由該当性が認められる場合であっても、懲戒処分は、「社会通念上相当であると認められない場合は、その権利を濫用したものとして、無効」となります。

懲戒処分は、規律違反の種類・程度その他の事情に照らして相当なものでなければならず、行為と処分との間の均衡が保たれていなければなりません。

裁判においては、多くの懲戒処分（特に懲戒解雇）が、懲戒事由該当性を肯定されながらも、重きに失するとして無効とされています。

⑴　相当性の判断要素

懲戒権濫用の判断において判断の基礎となる要素については、人事院が公表する「懲戒処分の指針」（平成12年３月31日職職－68・最終改正平成30年９月７日職審－185）が参考となります。

同指針は、懲戒処分の判断要素として、次の要素を示しています。

> ①　非違行為の動機、態様及び結果はどのようなものであったか
> ②　故意又は過失の度合いはどの程度であったか
> ③　非違行為を行った職員の職責はどのようなものであったか、その職責は非違行為との関係でどのように評価すべきか
> ④　他の職員及び社会に与える影響はどのようなものであるか
> ⑤　過去に非違行為を行っているか
> 等のほか、適宜、日頃の勤務態度や非違行為後の対応等も含め総合的に考慮の上判断するものとする。
> 　個別の事案の内容によっては、標準例に掲げる処分の種類以外とすること

もあり得るところである。例えば、標準例に掲げる処分の種類より重いものとすることが考えられる場合として、
① 非違行為の動機若しくは態様が極めて悪質であるとき又は非違行為の結果が極めて重大であるとき
② 非違行為を行った職員が管理又は監督の地位にあるなどその職責が特に高いとき
③ 非違行為の公務内外に及ぼす影響が特に大きいとき
④ 過去に類似の非違行為を行ったことを理由として懲戒処分を受けたことがあるとき
⑤ 処分の対象となり得る複数の異なる非違行為を行っていたとき
がある。また、例えば、標準例に掲げる処分の種類より軽いものとすることが考えられる場合として、
① 職員が自らの非違行為が発覚する前に自主的に申し出たとき
② 非違行為を行うに至った経緯その他の情状に特に酌量すべきものがあると認められるとき
がある。

(2) 平等取扱いの原則

相当性の判断要素として、同じ規律に同じ程度の違反をした場合、これに対する懲戒処分は同一種類かつ同一程度でなければならないという要請があります。

たとえば、茨城急行自動車事件・東京地判昭和58・7・19労経速1164号7頁は、2名の従業員がそれぞれに保険手数料を横領し、それらに対して同時期になされた懲戒解雇、出勤停止につき、「従業員間の処罰の均衡は、類似の事案により同一機会に処罰を受ける従業員にあっては特に強く要請される」として懲戒解雇を無効と判断しています。

この裁判例は、同一機会に類似の非違行為が発生したという事案ですが、同一機会に限らず、相当性の判断では過去の類似事案との均衡も求められます（適切な類似事案との均衡などを考慮していないことを指摘して懲戒免職を無効とした横浜市教育委員会事件・東京高判平成25・4・11判時2206号131頁）。

また、企業が従来黙認してきた行為に対し処分を行うためには、少なくとも、事前に労働者にその旨を周知し、警告しておくことが必要となります（菅野・717頁）。

⑶　適正手続

さらに、懲戒処分を行う際には適正手続の保障が要求されます。

すなわち、就業規則等で組合との協議や懲罰委員会の討議を経るべきことなどが要求される場合は、この手続を遵守すべきことは当然要求されます。

そのような規定がない場合にも、特段の支障がない限りは、本人の弁明の機会を与えることが要請されます。これらの弁明の機会が与えられない懲戒処分は、軽い処分について些細な手続上の瑕疵があるにすぎないとされるものでない限りは、懲戒権の濫用として無効とされることが多いといえます（岩出・大系517頁）。ただし、裁判例の中には、これをあまり重視しない例も少なくはありません。

たとえば、セクハラを理由に懲戒解雇を行った事案につき、就業規則に弁明の機会の付与の規定が存在しなかったことから、弁明の機会を付与しなかったことをもって直ちに懲戒処分が無効になると解することは困難であると判断した日本ＨＰ社セクハラ解雇事件・東京地判平成17・１・31判時1891号156頁（ただし、同事件は、一応は弁明の機会があったと認定）や、同様に就業規則に弁明の機会の付与をする旨の規定がなく、弁明の機会を付与せずに行われた懲戒解雇を有効としたホンダエンジニアリング事件・宇都宮地判平成27・６・24労経速2256号３頁（ただし、同事件は、就業規則に定められた労使の代表者で構成する賞罰委員会の意見を聞いて懲戒処分が行われている）があります。

実務においては、処分の軽重にかかわらず、弁明の機会を与えることが安全といえます。

⑷　時間的間隔

そして、非違行為と処分の時間的間隔が相当大きい場合、相当性に関連して懲戒処分の有効性に否定的な要素となることがあります。

この点、前掲ネスレ日本事件は、従業員が職場で上司に対する暴行事件を起こしたことなどが就業規則所定の懲戒解雇事由に該当するとして、使用者が捜査機関による捜査の結果を待ったうえで上記事件から７年以上経過した後に諭旨退職処分を行った事案において、上記事件には目撃者が存在しており、捜査の結果を待たずとも使用者において処分を決めることが十分に可能であったこと、上記諭旨退職処分がされた時点で企業秩序維持の観点から重い懲戒処分を行うことを必要とするような状況はなかったことなどを指摘し、諭旨退職処分を無効と判断しました。また、霞アカウンティング事件・東京地判平成24・３・27労判1053号64頁も、「仮に……セクハラの事実が認定できるとしても、処分が遅延する格別の理由もないにもかかわらず、約２年も経過した後に懲戒解雇という極めて重い処分を行うことは、明らかに時機を失しているということができる」と判断しました。

⑸　懲戒事由類型による相当性判断

以下では、懲戒事由をいくつかの類型で分け、各類型における相当審査を概観します。

(A)　経歴詐称

採用時に提出された履歴書の記載や採用面接への応答に虚偽があり（経歴詐称）、それが重要な経歴に関する場合には、懲戒処分が行われる場合があります。

裁判所は、経歴詐称が懲戒事由となることを肯定しつつも、詐称された経歴が「重要な経歴」であることを要求しています。「重要な経歴」の詐称かどうかについては、一般的には、職歴や学歴、犯罪歴はこれにあたりますが、それ以外の記載事項については微妙と考えられます（岩出・大系519頁）。たとえば、学歴詐称につき懲戒解雇を有効とした例としては炭研精工事件・最一小判平成３・９・19労経速1443号27頁があり、当該職務に必要な能力（JAVA言語のプログラミング能力）がないにもかかわらず、あるかのような経歴を経歴書に記載して採用された労働者に対する経歴詐称を理由とする懲戒解雇が有効とされたグラバス事件・東京地判平成16・12・17労判889号52

頁があります。

他方、裁判例においては、問題となった詐称内容との相関関係はあるものの、申告義務の程度につき、「積極的に虚偽の事実を答えることにならない範囲で回答し、秘匿しておけないかと考えるのもまた当然であり、採用する側は、その可能性を踏まえて慎重な審査をすべきであるといわざるを得」ず、「告知すれば採用されないことなどが予測される事項について、告知を求められたり、質問されたりしなくとも、雇用契約締結過程における信義則上の義務として、自発的に告知する法的義務があるとまでみることはできない」として経歴詐称にあたらないとする例（学校法人尚美学園事件・東京地判平成24・１・27労判1047号５頁）も存在することには注意が必要です。

⒝　**職務懈怠**

無断欠勤、勤務成績不良、遅刻過多、職場離脱などは職務懈怠として懲戒処分の対象となり得ます。ただし、これらは、それ自体では単なる債務不履行であって、それが就業に関する規律に違反したり職場秩序を乱したと認められる場合に初めて、懲戒事由となると解されます（菅野・708頁）。裁判例を通観すると、職務懈怠に対する懲戒処分は、注意を行ったうえで、改善がない場合に軽い懲戒処分を行い、さらに改善がない場合に懲戒解雇等を行うという段階を経ることが求められる傾向にあります。

たとえば、東京プレス工業事件・横浜地判昭和57・２・25判タ477号167頁は、プレス工場従業員が６か月間に24回の遅刻と14回の欠勤を、１回を除きすべて事前の届出なしに行い、その間の上司の繰返しの注意や警告（けん責処分も含む）にもかかわらずかかる態度を継続した事案につき懲戒解雇を有効としました。また、日立製作所事件・東京地判平成23・11・24労経速2131号16頁は、中国に帰国するに際し、診断書の提出等の私傷病欠勤の取得のための所定の手続をとらず、会社の求める欠勤理由書も提出しなかったうえ、欠勤中も、これら所定の手続をすることなく、その他、事故欠勤の際の手続も一切していないことについて、無断欠勤にあたるとしたうえで、けん責、出勤停止１日、同５日の各懲戒処分を受けた後に行われた懲戒解雇を有効としました。

他方で、嫌がらせを受けていると信じて無断欠勤を約40日間続けたことにつき、使用者は精神科医による健康診断を実施するなどの対応をとるべきであり、かかる対応をせずに諭旨退職の懲戒処分の措置をしたことが適切でないとして、諭旨退職を無効とした例（日本ヒューレット・パッカード事件・最二小判平成24・4・27労判1055号5頁）も存在するため、精神疾患を有する労働者への処分には慎重な対応が必要となります。

(C)　業務命令違背

就業について、上司の指示・命令に違反した場合は、業務命令違背として、懲戒処分の対象となり得ます。

この命令には、時間外労働命令、休日労働命令、出張命令、配転命令、出向命令等の使用者の労働者に対する種々の命令が含まれます。

これらの命令違反を理由とする懲戒処分については、使用者の当該命令が労働契約の範囲内の有効なものか否か、そして有効でも労働者にはその命令に服しないことについてやむを得ない事由が存在したかどうかが、懲戒処分の有効性の主要な争点となります（菅野・709頁）。

(D)　職場規律違反

労務の遂行や職場内でのその他の行動を規律している諸規定の違反は職場規律違反として懲戒事由となり得ます。

典型的な例としては、横領、背任、会社物品の窃盗、同僚や上司への暴行等の行為がこれに該当しますが、セクハラやパワハラもここに含まれます。

裁判例は、一般に金銭の不正取得等の行為については、企業の業務の性質を重視し、取得金額の多寡にかかわらず、懲戒解雇を認める傾向にあり、不正な利益の授受等の不正行為にも同様な傾向が認められます（岩出・大系523頁）。たとえば、少なくとも15回にわたり、出張旅費を合計23万8500円不正受給したことにつき懲戒解雇を有効とした例（ジェイティービー事件・札幌地判平成17・2・9労経速1902号3頁）や、課長が、会社を設立し、勤務先における発注権限を濫用して下請2社から会社を介してリベートを受領したり、頻繁に不当な供応接待を受けていたことを理由とする懲戒解雇を有効とした例（トヨタ車体事件・名古屋地判平成15・９・30労判871号168頁）があります。

セクハラに関する懲戒処分が争われた例には、管理職である２名の従業員が、女性従業員等に対し、１年余にわたり、１人は露骨で卑猥な発言等を、１人は性的な役割意識や年齢に関する発言等を繰り返したことにつき、使用者がセクハラの防止を重要課題と位置づけ種々の取組みを行っていたこと、上記２名の立場等を考慮し、前者については出勤停止30日、後者については同10日としたことを有効とした例（L館事件・最一小判平成27・２・26労判1109号５頁）や、女性従業員らに対し、「最近綺麗になったが恋をしているんか」、「誰がタイプか。……答えないのであれば犯すぞ」などの発言をし、酒席においても、女性従業員の手を握ったり、セクハラ発言を繰り返していた支店長につき、飲酒中の歓談の流れの中で調子に乗ってされた言動であり、女性を乱暴する意思がある前提で発言されたものではないこと、会社に対して貢献をしてきたこと、反省の情を示していること、会社がこれまで指導や処分をしていないこと等から、懲戒解雇を無効とした例（Y社事件・東京地判平成21・４・24労判987号48頁）があります。

パワハラに関する懲戒処分が争われた例には、会社がパワハラについて指導啓発を継続して行い、ハラスメントのない職場づくりを経営上の指針であることを明確にしていたにもかかわらず、幹部としての地位で、部下である従業員等に対して長期間かつ継続的に、能力等を否定し、退職を強要しこれを執拗に迫ったことにつき、降格処分を有効とした例（M社事件・東京地判平成27・８・７労経速2263号３頁）や、部下４名に対し、「お前、アホか」と言ったり、「私は至らない人間です」という言葉を何度も復唱させる等した行為につき、前にもハラスメント行為により会社から厳重注意処分を受け、今後同様の行為を行った場合には厳しい処分が下り得ることの警告を受けたにもかかわらず同行為を行ったことにつき、被害者の従業員が適応障害となったこと等も考慮し、懲戒解雇を有効とした例（Y社事件・東京地判平成28・11・16労経速2299号12頁）があります。

(E)　私生活上の非行

従業員の非違行為が私生活上で行われ、これが懲戒事由となることがあります。

しかしながら、私生活上の行為は、本来、労働者の自己決定に委ねられる私事であるため、裁判所は、私生活上の行為について、懲戒事由該当性や懲戒処分の相当性を、より厳格に判断する傾向にあります。

具体的には、従業員の私生活上の行為は、会社の企業秩序に直接の関連を有するものおよび企業の社会的評価の毀損をもたらすと客観的に認められるものが懲戒の対象となり得ると解されます（東京メトロ（諭旨解雇・本訴）事件・東京地判平成27・12・25労判1133号５頁）。

たとえば、横浜ゴム事件・最三小判昭和45・７・28民集24巻７号1220頁は、午後11時過ぎに泥酔し、他人の居宅の風呂場から屋内に忍び込んだ行為につき、懲戒解雇の措置に出たことに無理からぬ点がないではないとしながらも、会社の組織、業務等に関係のないいわば私生活の範囲内で行われたものであること、刑罰が罰金2500円の程度にとどまったこと、会社における当該労働者の職務上の地位が指導的なものでないこと等を考慮して、懲戒事由に該当しないと判断しました。

（山﨑貴広）

第6章

労働契約の終了

Q27 解雇の濫用

解雇は、労働契約法では、どのような場合に無効とされますか。

Answer

解雇は、客観的に合理的な理由を欠き、社会通念上相当であると認められない場合は、その権利を濫用したものとして、無効となります。

解　説

1 解雇権濫用法理

労働契約法16条は、解雇について、次のとおり定めています。

> （解雇）
> 第16条　解雇は、客観的に合理的な理由を欠き、社会通念上相当であると認められない場合は、その権利を濫用したものとして、無効とする。

解雇は、労働者に与える影響が大きく、労働契約法制定以前から、解雇に関する紛争は増大していました。このような背景の下、解雇に関するルールをあらかじめ明らかにすることにより、解雇に際して発生する紛争を防止し、その解決を図る必要がありました。労働契約法16条は、このような趣旨で、権利濫用に該当する解雇の効力について定めた規定です（「労働契約法の施行について」第４の３⑴ア（平成24年８月10日基発0810第２号、最終改正平成30年12月28日基発1228第17号））。

最高裁判所は、労働契約法制定以前から、解雇一般について、次のような、解雇権濫用法理を確立して、使用者の解雇について厳しい制限を加えてきました。すなわち、「使用者の解雇権の行使も、それが客観的に合理的理由を欠き社会通念上相当として是認することができない場合には、権利の濫用として無効になる」（日本食塩製造事件・最二小判昭和50・4・25民集29巻4号456頁）、「普通解雇事由がある場合においても、使用者は常に解雇しうるものではなく、当該具体的な事情のもとにおいて、解雇に処することが著しく不合理であり、社会通念上相当なものとして是認することができないときには、当該解雇の意思表示は、解雇権の濫用として無効になる」（高知放送事件・最二小判昭和52・1・31労判268号17頁）、との判断です。

労働契約法16条は、このように判例法理として確立していた解雇権濫用法理を明文化しました。

2 解雇権濫用法理の判断方法

(1) 解雇権濫用の判断

労働契約法16条の文言上、解雇は、①「客観的に合理的な理由」を欠き、②「社会通念上相当」と認められない場合、当該解雇権行使が権利濫用として無効となります。

裁判所は、①を欠いた場合であっても、②を欠いた場合であっても、結論として解雇権濫用を判断する場合、「客観的に合理的な理由を欠き社会通念上相当として是認できない」という結論を導くことが通例です。

しかし、理論上は、客観的合理的理由の存否の問題（①）と、客観的合理的理由が存在することを前提とした、社会通念上相当かどうかという問題（②）は、別の問題として整理することができます。

すなわち、①、②のいずれか一方のみが欠けていたとしても、解雇権濫用になるという点に留意しなければなりません。

(2) 解雇権濫用法理の主張・立証責任

労働契約法16条に基づき解雇無効を争う訴訟での主張・立証責任については、行政解釈（前掲「労働契約法の施行について」第4の3(2)イ）が、「解雇権濫用の評価の前提となる事実のうち圧倒的に多くのものについて使用者側に主張立証責任を負わせている現在の裁判上の実務を変更するものではなく」と示すように、使用者において、「客観的に合理的な理由」と、「社会通念上相当」であることの根拠となる事実の主張・立証が求められます。

それゆえ、企業としては、解雇を実行する場合には、解雇を有効ならしめるだけの十分な資料が揃っているかを検討する必要があります。

3 解雇事由該当性（「客観的に合理的な理由」）

上記2(1)で解説したとおり、使用者が労働者の解雇を行うためには、理論上は、まず、当該労働者の行為等が就業規則に定められた解雇事由に該当する必要があります。

なお、この点に関連し、就業規則記載の解雇事由が例示列挙か限定列挙かという問題があります。

限定列挙と解する場合、就業規則の解雇事由に該当しない限り、解雇を行うことはできなくなります。ただし、実務的には、多くの就業規則の解雇事由の末尾に、「その他前各号に準ずる事由がある場合」等の包括的解雇事由が規定されており、実務上、この問題が顕在化するケースは稀といえます。

懲戒解雇の場合は、その対象事由は就業規則に規定された事由に限られるという意味で限定列挙と解されていますが、普通解雇の場合は、民法627条のいわゆる解雇の自由の原則から、解雇権濫用法理の下でも、解雇事由は就業規則の定めに限定されず、この定めは例示列挙にすぎないと解されています（佐々木宗啓ほか『類型別労働関係訴訟の実務』（青林書院、2017年）257頁）。

4 解雇理由類型による相当性判断

以下では、解雇理由をいくつかの類型で分け、各類型における相当審査を概観します。

(1)　職務懈怠・成績不良・能力不良を理由とする解雇

労働者の労働能力または適格性の欠如・喪失等が解雇理由となることがあります。

このような類型において、裁判例を通観すると、①使用者と当該労働者との労働契約上、その労働者に要求される職務の能力・勤務態度がどの程度のものか、②勤務成績、勤務態度の不良はどの程度か、③指導による改善の余地があるか、④他の労働者との取扱いに不均衡はないか等が解雇の有効性判断において、総合的に検討されます（佐々木ほか・前掲書258頁）。

多くの裁判例は、大企業を中心として、長期雇用を前提とし、しかも異動についての広範な裁量権を使用者に与えています。それゆえ、単なる職務懈怠・成績不良・能力不足は、懲戒・降格・異動や降給等の問題となっても、解雇を認める根拠にはなり得ないとの暗黙の前提に立って判断しているように見受けられます。すなわち、成績不良や能力不足だけでなく、長期雇用・長期勤務の実績に合わせ、それが企業経営に支障を生ずるなど企業から排斥する程度に達していることを要するとし、結局、能力不足や職務懈怠等で解雇が有効とされるのは、誰がみても不適格かつその労働者の存在自体が会社に損害を与えているような場合に限られる傾向にあるといえます。

たとえば、解雇を有効と判断したものには、基本的な業務であるファイリングや海外旅行保険の業務を適切に行うことができないこと、記入もれや記入ミスを頻繁に発生させたり、契約更新時に重要事項に関する確認を怠るなどして、上司から再三にわたり指導・注意を受けたが、ミスを反省することなく、同様のミスを繰り返したこと、再三にわたる業務命令を無視して、重要な定例部会を正当な理由なく欠席したことなどばかりでなく、刃物を使用して初対面の人物に傷害を負わせる事件を引き起こしたこと等を指摘して解雇を有効とした例（テレビ朝日サービス事件・東京地判平成14・５・14労経速1819号７頁）があります。また、中途採用者である社員が同僚らに対し、日常的に高圧的、攻撃的な態度をとり、トラブルを発生させていたこと、インターネットのサイトで業務と無関係なことをし続け、そのため職務の遂行に支障を来していたこと、会社が、職種限定社員であるという主張に固執していた社員を希望どおりに異動させたうえで、他の従業員らとのコミュニケーションおよび行状について、何度も面談を実施し、注意を行い、懲戒処分たるけん責処分も行うなど、改善の機会を何度も与えたこと等を考慮し解雇を有効とした例（メルセデス・ベンツ・ファイナンス事件・東京地判平成26・12・

９労経速2236号20頁）や、勤務成績の著しい不良は長年にわたるものであり、その程度は深刻であるばかりか、その勤務態度等に鑑みると、もはや改善、向上の見込みがないと評価されてもやむを得ないものと評価し、会社が人事考課、賞与考課のフィードバック等を通じて注意喚起を続け、かつ、在籍出向を命じるなどして解雇を回避すべく対応したこと等を考慮して解雇を有効とした例（NECソリューションイノベータ事件・東京地判平成29・２・22労判1163号77頁等）があります。

⑵　傷病・健康状態を理由とする解雇

多くの企業では、解雇猶予措置としての休職制度を設けているため傷病・健康状態を理由とする事案は、休職期間満了における自然退職の当否として紛争となることが多いですが、解雇が行われる場合もあります。

傷病・健康状態を理由とする解雇は、企業規模や当該従業員の能力・病状等の点などから軽減業務への配転等が不可能な場合や、就労免除や軽減業務が長期化する場合に問題となります（たとえば、解雇有効例として、カール・ハンセン＆サンジャパン事件・東京地判平成25・10・４労判1085号50頁等）。

裁判例では、長期欠務自体のみではなく、使用者の健康配慮義務、労働者の自己健康管理義務等が絡んだ総合的事情が考慮されて判断がなされることとなりますが、概して、容易に解雇は認められません。健診後措置指針２⑷ハでも、「就業上の措置は、当該労働者の健康を保持することを目的とするものであって、当該労働者の健康の保持に必要な措置を超えた措置を講ずるべきではなく、医師等の意見を理由に、安易に解雇等をすることは避けるべきである」とされ、特に、メンタル上の障害による解雇は、厳格な審査がなされる傾向にあります（岩出・大系556頁）。

また、通常、傷病・健康状態への配慮として配転等が求められることから、職種限定のほうが比較的雇用関係の終了に進みやすいといえますが、サン石油事件・札幌高判平成18・５・11労判938号68頁は、「実技試験として、作業現場の責任者の面前で重機を運転し、その技能に問題がないと判断されて雇用されたこと」、「保有する大型特殊免許は更新されていること」、「一眼につき視力障害のある労働者が大型免許を受けられないことから……直ちに大型特殊免許を有する同人を大型特殊自動車（重機）の運転業務に従事させることが危険であるとまでは認められず、同人に視力障害があることをもって、直ちに、重機の運転業務に不適格であるとまでは認められ」ないとして、解雇を無効と判断している点には留意が必要です。

⑶　規律違反行為を理由とする解雇

規律違反行為としては、暴行・脅迫・誹謗、業務妨害行為、業務命令違反、横領・収賄等の不正行為が考えられます。

このような類型においては、その態様、程度や回数、改善の余地の有無等から、労働契約の継続が困難な状態となっているかにより、解雇の有効性が判断されます（佐々木ほか・前掲書259頁）。

実務でも、懲戒解雇事由に該当する場合に、より軽い普通解雇を行うことはあり、この場合について、前掲高知放送事件も、「就業規則所定の懲戒事由にあたる事実がある場合において、本人の再就職など将来を考慮して、懲戒解雇に処することなく、普通解雇に処することは、それがたとえ懲戒の目的を有するとしても、必ずしも許されないわけではない。そして、右のような場合に、普通解雇として解雇するには、普通解雇の要件を備えていれば足り、懲戒解雇の要件まで要求されるものではないと解すべきである」としています。

⑷　経営上の必要性を理由とする解雇

企業が経営上必要とされる人員削減のために行う解雇を整理解雇といいます。

整理解雇は、労働者に帰責事由がないにもかかわらず、使用者の経営上の理由により労働者を解雇するものであるため、その有効性は厳格に判断されます。

整理解雇については、東洋酸素事件・東京高判昭和54・10・29労民30巻５号1002頁が、企業の１部門の閉鎖に伴う当該部門の従業員の整理解雇について、①人員削減の必要性があること、②使用者が解雇回避努力をしたこと、

③被解雇者の選定に妥当性があること、④手続の妥当性という４要件ないし４要素を求める判例法理を導きました。

裁判例においては、①について、倒産必至、債務超過、累積赤字といった事態にあることまでは要求されず、黒字経営の中で経営合理化や競争力強化のために行う人員削減についても肯定する傾向があります（前掲東洋酸素事件、日立メディコ事件・東京高判昭和55・12・16労判354号35頁等）。たとえば、財団法人市川房枝記念会事件・東京地判平成20・４・22労経速2007号21頁は、財務分析等を経たうえでの法人の事業方針の転換は、それが最善のものであるかはともかく、まず財務の専門家に検討させ、それを基に内部の委員会においても事業の方向性を検討するなど、経営者として必要な一応の検討を踏まえており、一応の合理性は認められると判断しました。なお、人員削減の必要性については、裁判上は、企業の判断が尊重される傾向にありますが、人員削減措置の決定後、大幅な賃上げや、多数の新規採用や、高率の株式配当を行うなど、矛盾した経営行動がとられる場合には、人員削減の必要性が否定され得る点には留意が必要です。

②については、新規採用の停止、賞与停止、役員報酬の減額、非正規従業員の雇止め、余剰人員の人事異動、希望退職募集等の方法が想定されますが、これらすべての措置を一律に要求されるということはありません（三萩野病院事件・福岡高判昭和54・６・18労民30巻３号692頁）。企業の規模・業種、人員構成、労使関係の状況に照らして実現可能な措置かどうかを検討したうえで、その措置が尽くされているかが検討されます。

③については、客観的合理的かつ公平な基準で選定されていることが要求されます。合理的な基準と一般的に認められるものは、欠勤日数、遅刻回数、規律違反歴などの勤務成績や、勤続年数などの企業貢献度、さらには、「30歳以下の者」「退職後の生活に影響の少ない者」などの経済的打撃の低さ、病弱者や職務遂行に支障がある者などです（岩出・大系570頁）。

また、被解雇者の選定においては、雇用形態を基準とする場合もあります。たとえば、アイレックス事件・横浜地判平成18・９・26労判930号68頁が「期間を定めずに雇用される正社員と、一時的に雇用される臨時的社員では、雇用の継続に対する信頼に差があることは明らかであるから、特に臨時的社員を削減することを困難とする事情がない限り、正社員に対する整理解雇は、臨時的社員を削減した上で行われるべきものである」と示すように、まずは非正規社員の解雇を検討するという方法がとられることもあります。ただし、非正規社員であっても、更新手続が形骸化している等の事情で、正社員と実質的に同一であるという場合もあり、常に非正規社員を基準とすることが許容されるわけではないという点には留意が必要です。

また、基準が全く設定されないでなされた整理解雇が無効とされた例（タチカワ事件・東京地判昭和46・12・21労旬804号71頁等）があります。

そして、④については、労働組合や労働者に対し十分な協議・説明を行うことが必要となります。説明においては、人員削減に至った理由、これまでの経営改善努力、今後の見通し、人員削減の実施時期、人員数、解雇回避努力の内容、整理基準等を資料を示しながら説明する等丁寧な説明を行うことが肝要となります。

なお、労働協約において、従業員の解雇について労働組合との協議や労働組合の同意を必要とするように義務づける条項がある場合には、これを履行しなかった場合には、整理解雇は無効となる点には留意が必要です。

5｜解雇予告手当

使用者は、労働者を解雇しようとする場合、天災事変その他やむを得ない事由のために事業の継続が不可能となった場合、または労働者の責に帰すべき事由に基づいて解雇する場合で労働基準監督署長の認定を受けた場合を除き、30日以上前に予告または予告手当として30日分以上の平均賃金を支払わなければなりません（労働基準法20条）。

ただし、①日日雇い入れられる者（1か月を超えて引き続き使用されるに至った場合を除く）、②2か月以内の期間を定めて使用される者（有期雇用労働者が所定の期間を超えて引き続き使用されるに至った場合を除く）、③季節的業務に４か月以内の期間を定めて使用される者（②の例外の場合を除く）、④試用期間中の者（14日を超えて引き続き使用されるに至った場合は除く）は、適用が除外されます（労働基準法21条）。

使用者が労働基準法20条の予告期間をおかず、また予告手当をも支払わないで労働者を解雇した場合、その解雇は、即時解雇としては効力を生じませんが、使用者が即時解雇に固執する趣旨でない限り、解雇の意思表示後30日を経過するか、または予告手当を支払ったときに解雇の効力を生じると解されます（細谷服装事件・最二小判昭和35・３・11民集14巻３号403頁）。

解雇を行う場合には、労働契約法に限らず、労働基準法等にも留意が必要となります。

（山﨑貴広）

Q28 期間の定めがある労働契約期間中の解雇

期間の定めがある労働契約の期間中の解雇は、労働契約法上、どのような場合に認められますか。

Answer

使用者が、期間の定めがある労働契約の期間中に解雇を行う場合、「やむを得ない事由」が必要となります。

「やむを得ない事由」とは、解雇権濫用法理における「客観的に合理的な理由を欠き、社会通念上相当であると認められない場合」以外の場合よりも狭いと解されており、具体的には、期間満了を待つことなく雇用関係を解消せざるを得ない例外的な事由と解されています。

解　説

1｜契約期間中の有期契約労働者の解雇

労働契約法17条１項は、契約期間中の有期契約労働者の解雇につき、次のとおり定めています。

（契約期間中の解雇等）
第17条　使用者は、期間の定めのある労働契約（以下この章において「有期労働契約」という。）について、やむを得ない事由がある場合でなければ、その契約期間が満了するまでの間において、労働者を解雇することができない。
2　略

労働契約法17条１項は、使用者が、「やむを得ない事由がある場合」でなければ、契約期間中は有期契約労働者を解雇することができないことを定めています。

民法628条は、当事者が契約期間を定めた場合でも、「やむを得ない事由」があれば、各当事者は直ちに契約を解除することができる旨を定めていますが、その意義や法的効果（強行法規か否か）をめぐり、解釈が分かれていました。すなわち、同条からは、契約期間の間に、「やむを得ない事由」がない場合にも解雇が可能かという点が明らかではありませんでした。そのため、たとえば、当事者間で、「やむを得ない事由」がなくとも解約が可能という合意をした場合、あるいは使用者が就業規則に同様の規定を設けた場合、その効力が認められるのかどうかが問題となりました。

この点、裁判例では、やむを得ない事由以外の解雇事由を合意することも可能とする例（ネスレコンフェクショナリー関西支店事件・大阪地判平成17・3・30労判892号5頁）や、他方、かかる合意の効力を認めずに、「やむを得ない事由」がない限り解雇できないとした例（安川電機（パート解雇）事件・福岡高決平成14・9・18労判840号52頁等）がありました。

労働契約法17条は、このような背景の下、使用者による契約期間途中の解雇について、「やむを得ない事由」がない限り許されないことを明記しました（「労働契約法の施行について」第5の2（平成24年8月10日基発0810第2号、最終改正平成30年12月28日基発1228第17号））。

また、労働契約法17条によって、従来問題となっていた、当事者間で、「やむを得ない事由」がなくとも解約が可能という合意をした場合、あるいは使用者が就業規則に同様の規定を設けた場合における、当該合意ないし規定の効力については、実際に行われた解雇について、「やむを得ない事由」があるか否かが個別具体的な事案に応じて判断されるものであることが明らかとされました（前掲「労働契約法の施行について」第5の2⑵ウ）。

2 「やむを得ない事由」の意義

「やむを得ない事由」があるか否かは、行政解釈（前掲「労働契約法の施行について」第5の2⑵イ）によれば、個別具体的な事案に応じて判断されるものであり、解雇権濫用法理における「客観的に合理的な理由を欠き、社会通念上相当であると認められない場合」以外の場合よりも狭いと解されています。

具体的には、期間満了を待つことなく雇用関係を解消せざるを得ない例外的な事由と解されています（菅野・343頁、荒木・483頁）。

裁判例でも、「やむを得ない事由」の存在は、容易に認められていません（高校の塾長の期間満了前解雇を無効とした学校法人大乗淑徳学園事件・さいたま地判平成26・4・22労経速2209号15頁等）。

たとえば、レラ・六本木販売事件・東京地判平成28・4・15労経速2290号14頁においては、会社が、有期労働契約の期間の途中に、①与えられた職務をこなせず、②他の従業員から指導、注意を受けても業務を改善せず、③かえって指導、注意をした従業員に反抗する態度をとり続けていたと主張して解雇を行った事案につき、裁判所は、「①の点については、……専務が『少なくとも、仕事が他の者より遅いとか、そういうことだけで解雇までしたということはないのではないかと思います。』という陳述をしていることに照らすと、被告において労働契約の継続を困難とするほどの重大な支障であると判断していたとは認め難い。……②の点については、……このような場合にも被告としては、個別に事情を聴取して原因を検証し、その内容に応じて、適切な改善策を検討して経過をみたり、理由を詳細に記載した書面による警告や譴責、減給等の懲戒処分を実施して改善の機会を付与するなどの慎重な対応をとるべきであり、このような対応をとることなく意欲や態度が不良であり就業に適しないと即断することは適切なものとはいい難いところ、原告が過去に懲戒処分を受けたことがないことも考慮すると、被告が原告に十分な改善の機会を付与したものとは認め難い。……③の点についてみても、……被告において上記の態度が職場規律の維持に回復し難い重大な支障を来たすものと判断していたとは認め難い」と指摘し、「やむを得ない事由」を認められないと判断しました。また、いわゆる登録型の労働者派遣において、労働者派遣契約を期間途中で解除されたことを理由として、有期の派遣労働契約を締結している派遣労働者を期間途中で解雇した事案につき、プレミアライン（仮処分）事件・宇都宮地栃木支決平成21・4・28労判982号5頁は、派遣元の経営状況は相当に厳しいものと評価できるとしながらも、派遣先の契約解除通知を受けた後、希望退職者の募集・勧奨をしなかったこと、新たな就業機会の確保のための具体的な努力を全くしていないこと、人員削減の必要性について全く説明していないこと等を考慮し、「やむを得ない事由」は認められないと判断しました。

他方、リーディング証券事件・東京地判平成25・1・31労経速2180号3頁は、有期労働契約期間中かつ試用期間中の解雇というめずらしい事案ですが、裁判所は、有期労働契約における留保解約権の行使は、使用者が、採用決定後の調査により、または試用期間中の勤務状態等により、当初知ることができず、また知ることが期待できないような事実を知るに至った場合において、そのような事実に照らし、その者を引き続き当該企業に雇用しておくことが適当でないと判断することが、解約権留保の趣旨、目的に徴して、客観的に相当であることに加え、雇用期間の満了を待つことなく直ちに雇用を終了せざるを得ないような特別の重大な事由が存在するものと認められる場合に限り有効となるとの判断枠組みを示したうえで、会社が、当該社員をネイティブレベルの日本語力をもって、証券アナリストレポートを作成することが可能な能力を有する即戦力の従業員（専門職）として採用したこと、当該社員に実際にアナリストレポートの原案を作成させてみたところ、そのでき映えがよくなく、日本語能力は、実際には、当初、会社が期待したレベルには遠く及ばないものであることが判明したばかりか、当該社員が、採用を決定づけた電子レポートの作成にあたって日本人である夫にその文章をみてもらっていたことを秘匿していた事実が明らかになったこと等を考慮し、解雇を有効としました。

（山﨑貴広）

第7章

有期労働契約

Q29　契約期間への配慮義務

有期労働契約における期間の下限はあるのでしょうか。

Answer

下限となる期間が明確に定まっているわけではありませんが、必要以上に短い期間を定めることにより、その有期労働契約を反復して更新することのないよう配慮しなければなりません（労働契約法17条２項）。

解　説

1｜労働基準法上の規制

労働基準法14条では、有期労働契約の期間の上限について、一定の事業の完了に必要な期間を定める場合（たとえば４年間で完了する土木工事において、技師を４年間の契約で雇い入れる場合のように、その事業が有期的事業であることが客観的に明らかであるような場合）を除き、原則として３年と定めています（①公認会計士や医師等、専門的な知識、技術または経験であって高度なものを有する労働者との間に締結される労働契約や、②満60歳以上の労働者との間に締結される労働契約については、５年が上限とされています）。

ただし、労働者の人身拘束への危惧から、労働基準法附則137条により、一定の事業の完了に必要な期間を定めるものおよび前記①②の労働者を除き、契約期間の初日から１年を経過した日以降は、使用者に申し出ることによって、いつでも退職することができることになっています。そのため、仮に３年の有期労働契約を締結したとしても、事実上１年を超えて労働者を拘束することはできません。

このように、労働基準法では有期労働契約の期間の上限について規制していますが、契約の下限については定めていません。なお、仮に同法14条に違反して、上限を超える期間を定めた場合には、罰則の適用があることはもちろん（同法120条１項）、同法の強行的直律的効力（同法13条）によって、同法の定める上限期間に契約内容が改められると解されます（平成15年10月22日基発1022001号）。

2｜労働者派遣法上の規制

労働者派遣法においては、日雇い派遣は原則として禁止されています。すなわち、「日々又は30日以内の期間を定めて雇用する労働者」である日雇い労働者について、たとえば専門性が高く競争力のあるソフトウェア開発といった18業務を除き、労働者派遣を行ってはならないと定められています（労働者派遣法35条の４第１項）。

ただし、法律が（原則）禁止しているのは、あくまでも日雇い派遣であり、直接雇用による日雇い就労は禁止していません（労働基準法21条１号参照）。

3｜労働契約法上の定め

このように、労働基準法等では契約期間の下限について定めがなく、極端な例でいえば、１か月、１週間、１日といった短期間の労働契約も可能となっていました。しかし、不必要に短い労働契約を設定することは、労働者の雇用の安定と矛盾する結果になることもあります。

そこで、労働契約法17条２項において、以下のような規定が設けられました。

> （契約期間中の解雇等）
> 第17条　略
> ２　使用者は、有期労働契約について、その有期労働契約により労働者を使用する目的に照らして、必要以上に短い期間を定めることにより、その有期労働契約を反復して更新することのないよう配慮しなければならない。

ここでは、必要に応じた適切な長さの労働契約期間を設定することが求められており、たとえば、１年継続するプロジェクトのために労働者を雇用する場合であれば、使用者は期間１か月の契約を締結して反復継続するのではなく、期間１年の契約を締結するよう配慮しなければなりません（西谷敏ほか編『新基本法コンメンタール労働基準法・労働契約法』（日本評論社、2012年）416頁）。

では、使用者が十分な「配慮」をしなかった場合はどのように解されるのでしょうか。この点、有力説によれば「必要以上に」と不明確な表現を用いていること等から、労働契約法17条２項は訓示規定にとどまるとされており（菅野・319頁）、本規定は使用者に配慮を求めるものにすぎず、仮に不必要に短い契約期間による労働契約が締結されたからといってその有期労働契約が法的に無効となるものではないと解されます。

ただし、「有期労働契約の締結、更新及び雇止めに関する基準」（平成20年１月23日厚労告12号）でも、使用者は契約更新にあたり、「当該契約の実態及び当該労働者の希望に応じて、契約期間をできる限り長くするように努めなければならない」と定められています（Q31も参照）。そのため、雇止め等をめぐる紛争が生じた場合には、当該基準と相まって、雇止め制限法理において、労働契約法17条２項に照らして必要な配慮をしたかどうかということが雇止めの合理性の考慮要素とされることが考えられます。そして、短期契約の合理的必要性を主張・立証できない場合には、雇止めが認められない要素とされる可能性があることに留意すべきです（岩出・大系91頁）。

条文上は、「必要以上に短い期間」と定められているのみであり、どの程度の期間を指すのかは、個別事案ごとに判断されるものと解されますが、少なくとも労働者から求められた場合には、当該契約期間とした合理的理由を説明できる状況を整えておく必要があるでしょう（労働契約法４条１項参照）。

4 | 裁判例

裁判例では、高校の公民科の講師として期間１年の労働契約を締結したことについて、労働契約法17条２項、教育基本法９条２項の趣旨に反するなどとして公序良俗違反であるとの主張がなされた事案において、「教員という本件雇用契約の労務内容と本件雇用契約の期間、専任教員と常勤教員の比率、少子化傾向の中での入学定員確保のため定員を大幅に上回る合格者を出すことから入学者数が流動的になる危険性が大きいことなどからすれば、本件雇用契約につき１年間の有期契約を用いたからといって、それ自体が上記の法に反するとか公序良俗違反になるとは評価できない」と判断された例があります（東奥学園事件・仙台高判平成22・３・19労判1009号61頁）。

このほか、派遣元会社が派遣労働者との間で期間を１日とする有期雇用契約を繰り返したことが労働契約法17条２項に違反し、不法行為を構成する旨主張した事案において、同規定は、「使用者に対して、期間の定めのある労働契約について、必要以上に短い期間を定めることにより、その労働契約を反復して更新することのないように配慮することを求めているにすぎず、同項違反が不法行為法上直ちに違法であるということはできない」等として、当該行為が不法行為を構成するということはできないと判断された例があります（SBSスタッフほか事件・東京地判平成24・８・30労働判例ジャーナル９号10頁）。

この裁判例も労働契約法17条２項が訓示規定であることを前提に判断しているものと解されます。

（織田康嗣）

Q30 労働基準法施行規則における更新有無の基準

有期労働契約を締結する際に、契約更新の有無や更新条件を明示する必要はあるのでしょうか。

Answer

労働基準法施行規則５条１項１号の２では、有期労働契約の締結の際に、期間の満了後に当該労働契約を更新することがある場合において、「期間の定めのある労働契約を更新する場合の基準に関する事項」を明示しなければならないと定めています。雇用契約書等において、「更新の有無」や「契約更新の判断基準」を明示する必要があります。

解　説

1 労働条件の明示義務

使用者は、労働契約の締結に際し、労働者に対して賃金、労働時間その他一定の労働条件を明示しなければならず（労働基準法15条１項）、ここで明示しなければならない労働条件は事実と異なるものにしてはなりません（労働基準法施行規則５条２項）。仮に、労働契約締結の際に明示された労働条件が事実と相違する場合には、労働者は労働契約の即時解除権を有することになります（労働基準法15条２項）。

使用者が必ず明示しなければならない事項（絶対的明示事項）は、以下のとおりです（労働基準法施行規則５条１項１号）。明示の方法ですが、⑤の昇給に関する事項を除いて、原則として書面（文書）を交付して明示しなければなりません（同条４項）。

① 労働契約の期間に関する事項（期間の定めがない場合には定めなしと明示する）

② 期間の定めのある労働契約を更新する場合の基準に関する事項（期間の定めのある労働契約であって当該労働契約の期間の満了後に当該労働契約を更新する場合があるものの締結の場合に限る）

③ 就業場所および従事すべき業務に関する事項

④ 始業および終業の時刻、所定労働時間を超える労働の有無、休憩時間、休日、休暇並びに労働者を２組以上に分けて就業させる場合における就業時転換に関する事項

⑤ 賃金の決定、計算および支払いの方法、賃金の締切りおよび支払いの時期並びに昇給に関する事項（退職手当および臨時に支払われる賃金などを除く）

⑥ 退職に関する事項（解雇の事由も含む）

2 契約更新基準の明示

(1) 改正の経緯

上記の下線部のとおり、期間の定めのある労働契約であって、当該労働契約の期間の満了後に当該労働契約を更新する場合があるものの締結の場合には、労働条件の絶対的明示事項として、「期間の定めのある労働契約を更新する場合の基準に関する事項」を明示しなければなりません。

これは、労働政策審議会建議「有期労働契約の在り方について」（平成23年12月26日）〈https://www.mhlw.go.jp/stf/shingi/2r98520000022m7s-att/2r98520000022m99.pdf〉において「有期労働契約の継続・終了に係る予測可能性と納得性を高め、もって紛争の防止に資するため、契約更新の判断基準は、労働基準法第15条第１項後段の規定による明示をすることとすることが適当である」とされたことを踏まえて挿入されたものです。

従来は、雇止め基準（「有期労働契約の締結、更新及び雇止めに関する基準」（平成20年１月23日厚労告12号））において定められていましたが、前述のように労働基準法施行規則５条１項１号の２として規定が設けられたことにより、雇止め基準から契約締結時の明示事項に関する規定は削除され、規則化

されました（改正の経緯については、平成24年10月26日基発1026第２号も参照）。

(2)　具体的な明示の方法

行政通達（平成24年10月26日基発1026第２号）によれば、たとえば、「更新の有無」として、「a　自動的に更新する、b　更新する場合があり得る、c　契約の更新はしない」等を、また、「契約更新の判断基準」として、「a　契約期間満了時の業務量により判断する、b　労働者の勤務成績、態度により判断する、c　労働者の能力により判断する、d　会社の経営状況により判断する、e　従事している業務の進捗状況により判断する」等を明示することが考えられるとしており、比較的あいまいな基準でも可能とされています。

次に、こうした更新の有無や更新条件をどのように明示するかという点ですが、前述１の労働条件の絶対的明示事項のうち、④～⑥に関しては就業規則が作成してあれば、就業規則の絶対的記載事項に該当しますので、就業規則を交付することによって書面の交付となります。

ただし、「期間の定めのある労働契約を更新する場合の基準に関する事項」を含む前述１①～③は就業規則に定めてある場合が少ないと考えられますので、別途書面を作成し交付する必要があります。多くは雇用契約書において、更新の有無や契約更新の判断基準を記載する対応をすることになるでしょう。

3　電子メール等による労働条件明示

平成30年９月７日の労働基準法改正により、当該労働者が希望した場合に、①ファクシミリを利用してする送信の方法、②電子メールその他のその受信をする者を特定して情報を伝達するために用いられる電気通信（電気通信事業法２条１項１号に規定する電気通信をいう）の送信の方法（当該労働者が当該電子メール等の記録を出力することにより書面を作成することができるものに限る）によって労働条件明示を行うことが可能となりました（労働基準法施行規則５条４項）。

留意しなければならないのは、労働者がその方法での明示を希望していることや、電子メールによる場合にはその記録を出力することにより書面を作成することができるという各要件を満たす必要があることです。ここで、記録を出力することにより書面を作成できるというのは、当該電子メールの本文または当該電子メール等に添付されたファイルについて、紙による出力が可能であることを指します。可能な限り紛争を防止しつつ、書類の管理がしやすい方法にするためにも、労働条件通知書に記入し、それを電子メール等に添付し送信する方法が望ましいでしょう（平成30年12月28日基発1228第15号）。

（織田康嗣）

Q31　雇止め基準の法的意義

雇止め基準に違反して雇止めがなされた場合、どのように扱われるのでしょうか。

Answer

雇止め基準は、労働基準法14条３項の行政による助言・指導を予定しているため、当該基準に違反したことから直ちに法的効果が発生するわけではありませんが、雇止め法理における合理性・相当性の判断要素とされる可能性があります。

解　説

1｜雇止め基準の内容

労働基準法14条２項によれば、厚生労働大臣は、有期労働契約の締結時・期間満了時において労働者と使用者との間に紛争が生ずることを未然に防止するため、使用者が講ずべき労働契約に期間の満了に係る通知に関する事項その他必要な事項についての基準を定めることができるとされ、同条３項によれば、行政官庁が当該基準に関し、必要な助言および指導をすることができるとされています。

これを受けて、「有期労働契約の締結、更新及び雇止めに関する基準」（平成15年10月22日厚労告357号。以下「雇止め基準」という）が策定されました。具体的には、以下のような定めがおかれています。

⑴　雇止めの予告

以下の対象となる有期労働契約の場合には、契約を更新しない場合、30日前までに雇止め予告をすることが求められています。

①　有期労働契約が３回以上更新されている場合

②　1年以下の契約期間の労働契約が更新または反復更新され、最初に労働契約を締結してから継続して通算1年を超える場合

③　1年を超える契約期間の労働契約を締結している場合

なお、期間の定めのない労働契約における解雇の場合とは異なり、予告手当の支払義務については定めていません。

⑵　雇止め理由の明示

雇止めの予告後に労働者が証明書を請求した場合には、雇止め理由証明書を遅滞なく交付しなければなりません。雇止めの後に労働者から請求された場合も同様に、雇止め理由証明書を遅滞なく交付しなければなりません。

ここで明示すべき雇止めの理由は、「契約期間の満了」とは別の理由にする必要があります。たとえば、「契約締結当初から、更新回数の上限を設けており、本契約は当該上限に係るものであるため（更新限度特約）」、「担当していた業務が終了・中止したため」、「事業縮小のため」、「職務命令に対する違反行為を行ったこと、無断欠勤をしたこと等勤務不良のため」などといった記載が考えられます（厚生労働省パンフレット「有期労働契約の締結、更新及び雇止めに関する基準について」〈https://www.mhlw.go.jp/houdou/2008/12/dl/h1209-1f.pdf〉参照）。

⑶　契約期間についての配慮

使用者は、契約を1回以上更新し、かつ、1年を超えて継続して雇用している有期契約労働者との契約を更新しようとする場合は、契約の実態およびその労働者の希望に応じて、契約期間をできる限り長くするように努めなければなりません。ただし、Q29で述べたとおり、原則として契約期間の上限は3年とされていることに留意する必要があります。

2｜雇止め基準の法的意義

雇止め基準は、行政による助言・指導（労働基準法14条3項）による実現を予定しており、この基準から直接に法的効果が発生するわけではありません。しかし、雇止めの適法性が争われた場合には、雇用継続への合理的期待

の判断などにおいて、雇止め基準の定めた事項を遵守していたか否かが考慮される可能性があります（西谷敏ほか編『新基本法コンメンタール労働基準法・労働契約法』（日本評論社、2012年）427頁）。

また、労働契約法４条１項では、「使用者は、労働者に提示する労働条件及び労働契約の内容について、労働者の理解を深めるようにするものとする」と定められています（Ｑ９参照）。学説では、雇止め基準の主眼は行政法的規律にあるものの、私法上も、雇止めを含む有期労働契約の運営に関する使用者の説明・情報提供義務という手続的統制に位置づけることができ、使用者は、信義則（労働契約法３条４項）および労働契約内容の理解促進の責務（同法４条１項）に基づき、上記基準に即した説明・情報提供義務を履行する義務を負っているところ、その不履行は雇止めの適法性に影響すると指摘するものもあります（土田道夫『労働契約法〔第２版〕』（有斐閣、2016年）773頁）。

実務上も雇止め基準に従って、雇止めの予告手続を履行すべきであることはいうまでもありません。ただし、雇止めの予告手続を履行したからといって直ちに雇止めが適法となるわけではなく、雇止め法理に基づく実体的要件の充足が当然求められます（Q32参照）。

有期労働契約の締結、更新及び雇止めに関する基準

（雇止めの予告）

第１条　使用者は、期間の定めのある労働契約（当該契約を３回以上更新し、又は雇入れの日から起算して１年を超えて継続勤務している者に係るものに限り、あらかじめ当該契約を更新しない旨明示されているものを除く。次条第２項において同じ。）を更新しないこととしようとする場合には、少なくとも当該契約の期間の満了する日の30日前までに、その予告をしなければならない。

（雇止めの理由の明示）

第２条　前条の場合において、使用者は、労働者が更新しないこととする理

由について証明書を請求したときは、遅滞なくこれを交付しなければならない。

2　期間の定めのある労働契約が更新されなかった場合において、使用者は、労働者が更新しなかった理由について証明書を請求したときは、遅滞なくこれを交付しなければならない。

（契約期間についての配慮）

第3条　使用者は、期間の定めのある労働契約（当該契約を1回以上更新し、かつ、雇入れの日から起算して1年を超えて継続勤務している者に係るものに限る。）を更新しようとする場合においては、当該契約の実態及び当該労働者の希望に応じて、契約期間をできる限り長くするよう努めなければならない。

（織田康嗣）

Q32 雇止め法理の明文化——適用条件

雇止め法理の内容はどのようなものでしょうか。

Answer

判例上形成された雇止め法理は、労働契約法19条において明文化されています。具体的には、①期間の定めのない労働契約と社会通念上同視できる場合、②有期労働契約の更新への期待について合理的な理由がある場合において、客観的合理的理由を欠き、社会通念上相当であると認められないときには、雇止めは不適法とされます。

解　説

1 雇止め法理とは

民法上の原則によれば、有期労働契約の更新は新たな契約の締結なので、これを行うか否かは当事者の自由に委ねられるため、期間満了によって有期労働契約は当然に終了するのが原則です。

しかしながら、更新手続が形骸化して期間の定めのない労働契約と同視できる場合や、有期契約労働者が更新への期待を抱くのが合理的といえる場合に、有期契約労働者を保護する必要がある場合が存在します。このような場合、期間の定めのない労働契約において形成された解雇権濫用法理（労働契約法16条）を類推適用して、合理的理由のない雇止めを不適法とすることによって、必要な保護を図ることとしました。これを雇止め法理といいます。

2 解雇権濫用法理の類推適用

雇止め法理に関し、現在は労働契約法19条が規定されていますが、同条は判例法理（解雇権濫用法理の類推適用）が基礎となっています。そこで、同条の説明を行う前に、基礎となった２つの判例を紹介します。なお、各判例では、①まず当該雇止めについて、解雇権濫用法理を類推適用できるかを検討し、そのうえで、②当該雇止めについて、客観的合理的理由があり社会通念上相当といえるか検討するという、２段階の審査を行っています。

⑴　東芝柳町工場事件判決・最一小判昭和49・７・22民集28巻５号927頁

契約期間を２か月と記載した労働契約書を取り交わして入社した臨時工に対し、５回ないし23回にわたって労働契約の更新を重ねた後に雇止めがなされた事案です。判決では、臨時工の従事する仕事の種類、内容の点において本工と差異はなく、その採用に際しては会社側に長期継続雇用、本工への登用を期待させるような言動があり、会社は必ずしも契約期間満了のつど直ちに新契約締結の手続をとっていたわけでもなく、また、従来基幹臨時工が２か月の期間満了によって雇止めされた事例はみあたらず、自ら希望して退職するもののほか、そのほとんどが長期間にわたって継続雇用されているなどの事情があるときは、雇止めの効力の判断にあたっては、解雇権濫用法理を類推適用すべきだとしました。

本判決は、反復更新された有期労働契約が期間の定めのない労働契約に変容したとまでは判示していませんが、業務の恒常性や契約更新手続の形骸化などといった点を考慮して、当該有期労働契約が実質的に期間の定めのない労働契約と変わらないことを理由として、解雇権濫用法理の類推適用を認めたものです。

これはいわゆる実質無期型として、後述の労働契約法19条１号の基礎となっています。

⑵　日立メディコ事件判決・最一小判昭和61・12・４労判486号６頁

当初20日間の期間を定めて雇用しその後期間２か月の労働契約を５回にわたり更新してきた臨時員を雇止めした事案です。判決では、臨時員が季節的労務や特定物の製作のような臨時的作業のために雇用されたものでなく、景気変動に伴う受注の変動に応じて雇用量の調整を図る目的で雇用されたもので、その雇用関係はある程度の継続が期待されていたことから、雇止めの効力の判断にあたっては解雇に関する法理を類推すべきとされました。

そのうえで、独立採算制がとられている工場において、事実上やむを得ない理由によりその人員を削減する必要があり、余剰人員を他の事業部門へ配置転換する余地もなく、工場の臨時員全員の雇止めが必要であるとした使用者の判断が合理性に欠ける点はないことから、雇止めを無効とすることはできないと結論づけています。

本判決は、有期労働契約が期間の定めのない労働契約と同視できるには至っていないものの、雇用関係の継続について、臨時員に合理的な期待が認められることを理由に、解雇権濫用法理の類推適用を認めたものです。

これはいわゆる期待保護型として、後述の労働契約法19条２号の基礎となっています。

3 労働契約法19条の要件

労働契約法19条は以下のとおり定められています。

（有期労働契約の更新等）

第19条　有期労働契約であって次の各号のいずれかに該当するものの契約期間が満了する日までの間に労働者が当該有期労働契約の更新の申込みをした場合又は当該契約期間の満了後遅滞なく有期労働契約の締結の申込みをした場合であって、使用者が当該申込みを拒絶することが、客観的に合理的な理由を欠き、社会通念上相当であると認められないときは、使用者は、従前の有期労働契約の内容である労働条件と同一の労働条件で当該申込みを承諾したものとみなす。

一　当該有期労働契約が過去に反復して更新されたことがあるものであって、その契約期間の満了時に当該有期労働契約を更新しないことにより当該有期労働契約を終了させることが、期間の定めのない労働契約を締結している労働者に解雇の意思表示をすることにより当該期間の定めのない労働契約を終了させることと社会通念上同視できると認められること。

二　当該労働者において当該有期労働契約の契約期間の満了時に当該有期

労働契約が更新されるものと期待することについて合理的な理由があるものであると認められること。

⑴　労働契約法19条１号（実質無期型）

(A)　考慮要素など

労働契約法19条１号は有期労働契約が実質的に期間の定めのない労働契約と同視できる場合を規定しています。前述の東芝柳町工場事件判決を明文化したものです。

業務の恒常性（業務が臨時的なものでないこと）、当事者間の雇用継続に対する言動・認識、更新手続（長期にわたる反復継続の有無、更新手続が形骸化していないか）などの諸事情が考慮されます（「労働契約法の施行について」第５の５⑵ウ（平成24年８月10日基発0810第２号、最終改正平成30年12月28日基発1228第17号）も参照）。

(B)　契約の反復更新の事実の必要性

労働契約法19条１号の文言をみると、「当該有期労働契約が過去に反復して更新されたことがあるものであって」と定められており、文言上は契約の更新の事実がなければ１号該当性の可能性がないようにも読めます。

更新回数を含む諸要素を総合考慮して１号該当性を判断するという見方もあるようですが、１号のみ反復更新を条文上明示しているのは、反復更新がない場合は２号で処理すると整理できることから、契約の反復更新は１号該当性の独立の要件と考える見解もあります（荒木・500頁）。また、事実上、一度の契約更新もない状況下で実質的に期間の定めのない労働契約と同視できるようなケースは想定しがたいともいえるでしょう。

(C)　裁判例

裁判例では、22年以上もの間、更新を繰り返してきたアルバイト従業員について、その業務内容は正社員とそれほど変わらず、更新手続も形骸化していたこと等から、期間の定めのない労働契約とほぼ同視できるものであったとしたうえで（労働契約法19条１号）、忘れ物に関する対応、顧客からのクレーム、業務懈怠および睡眠障害等を理由とした雇止めは、客観的に合理的な理由を欠き、社会通念上相当であるとは認められないとした事例があります（ジャパンレンタカー事件・名古屋高判平成29・5・18労判1160号5頁）。22年もの長期にわたって更新を繰り返し、業務内容も正社員と変わらなかったわけですから、形式的に有期労働契約を締結していたにすぎないと判断されたものと解されます。

その一方で、雇用期間を6か月とする有期労働契約が2回更新されたにすぎず、ほかに更新が拒絶された嘱託社員がいたことなどに照らせば、労働契約法19条1号に該当しないとした事例（札幌交通事件・札幌地判平成29・3・28労経速2315号7頁）、約19年間にわたり12回更新されてきた期間の定めのある労働契約（1年契約10回、3年契約3回）を更新しないことは、更新手続が形骸化していたとまではいえず、労働契約法19条1号に該当しないとした事例（公益財団法人東京横浜独逸学園事件・横浜地判平成29・11・28労判1184号21頁）もあり、1号該当性が認められるのは限定的なケースといえるでしょう。

⑵　労働契約法19条2号（期待保護型）

㈧　考慮要素など

労働契約法19条2号は、有期労働契約の更新への期待について合理的な理由がある場合について定めており、前述の日立メディコ事件判決を明文化したものです。

当該雇用の臨時性・常用性、更新の回数、雇用の通算期間、契約期間管理の状況、雇用継続の期待をもたせる使用者の言動の有無などを総合考慮して、個々の事案ごとに合理的期待の有無が判断されます。その判断時点については、少なくとも契約期間「満了時」に合理的期待があったことが必要であるところ、最初の有期労働契約の締結時から雇止めされた有期労働契約の満了時までの間におけるあらゆる事情が総合的に勘案されます。そのため、労働者が雇用継続への合理的な期待を抱いていたにもかかわらず、当該有期労働契約の契約期間の満了前に使用者が更新年数や更新回数の上限などを一方的に宣言したとしても、そのことのみをもって合理的期待が否定されることにはなりません（前掲「労働契約法の施行について」第５の５⑵ウ）。

⒝　**初回の更新拒否**

前述のとおり、労働契約法19条２号では１号と異なり、「契約の反復更新」は要件とされていませんので、契約更新が一度もない有期労働契約であったとしても、他の事情から２号該当性が認められることは理論上あり得ます。裁判例でも、運転手の１年契約の最初の期間満了につき、実質は期間の定めのない契約に類似し、雇用継続を期待することが合理的であり、更新拒否には信義則上特段の事情が必要であるとしたうえで、当該事業の下では、その事情が認められないとして雇止めを不適法と判断した例があります（竜神タクシー事件・大阪高判平成３・１・16労判581号36頁）。

初回の更新拒否であったとしても、契約締結時における使用者の言動、職場における更新の実態、更新回数の上限の存在などから、契約当初から更新への合理的期待が認められる場合がありますので、注意が必要です（佐々木宗啓ほか『類型別労働関係訴訟の実務』（青林書院、2017年）286頁）。

近時の裁判例をみても、医療法人清恵会事件・大阪高判平成25・６・21労判1089号56頁は、有期労働契約転換後の再雇用契約における最初の雇止め事案でしたが、再雇用契約後に従事すべき業務は、業務量の減少はあったものの、業務の質は従前と大きな違いはなかったこと、再雇用契約に契約更新を前提とした種々の合意がなされていること等に照らせば、契約更新に対する期待の合理性を判断するにあたり、実際に契約更新が一度もなされていないことはそれほど重要な事情であるとはいえず、退職金受領の事実をもって、直ちに契約更新に対する期待の合理性が否定されるとも解しがたいことなどから、雇止めを不適法と判断しています。

⒞　**定年後の継続雇用中の更新拒否**

労働契約法19条は、その適用対象となる有期労働契約の類型を特に限定していませんから、定年後再雇用者の雇止めの場面においても労働契約法19条の適用が問題となります。そして、高年齢者等の雇用の安定等に関する法律に従って行われる定年後の継続雇用の期間中における雇止めは、更新の合理的期待が認められやすい傾向にあります（菅野・340頁）。定年後再雇用された労働者にとっては、65歳まで雇用が継続されることについて強い期待を抱くのが通常ですから、65歳に到達する前に更新拒否するには、慎重な検討が必要となります。

労使協定に定める基準を充足しないことを理由とした定年後再雇用者の雇止めを不適法と判断した裁判例として、エボニック・ジャパン事件・東京地判平成30・6・12労経速2362号20頁などがあります。

(3)　労働者の「申込み」

労働契約法19条柱書によれば、契約期間が満了する日までに、有期契約労働者が契約の「更新の申込み」をした場合、または、契約期間の満了後遅滞なく、有期労働契約の「締結の申込み」をした場合が要件となっています。

ここでいう「更新の申込み」や「締結の申込み」は要式行為ではなく、使用者による雇止めの意思表示に対して、労働者による何らかの反対の意思表示が使用者に伝わるものでもよいとされています（前掲「労働契約法の施行について」第5の5(2)エ）。国会答弁によれば、雇止めに対して「嫌だ」「困る」という反対の意思が伝わる言動があれば、この要件を満たすとされています。

「更新の申込み」や「締結の申込み」の主張・立証については、労働者が雇止めに異議があることが、たとえば、訴訟の提起、紛争調整機関への申立て、団体交渉等によって使用者に直接または間接に伝えられたことを概括的に主張・立証すればよいでしょう（前掲「労働契約法の施行について」第5の5(2)エ）。

(4)　雇止めの合理的理由・社会的相当性

労働契約法19条1号ないし2号の要件を充足した場合、次に問題となるのが、（雇止めに関する）客観的合理的理由および社会通念上の相当性です（同法19条柱書）。同法19条が規定される以前であれば、解雇権濫用法理の類推適用により、同法16条を適用していましたが、今日では端的に19条によって判断されることになります。

(A)　**正社員との相違**

労働契約法16条と19条では、「客観的合理的理由を欠き、社会通念上相当であると認められないとき」という同じ文言を使用しているため、正社員の解雇の場合と同程度の審査が要求されるのか否かが文言上明らかではありません。ただし、前掲日立メディコ事件判決では、簡易な手続で採用された有期契約労働者の雇止めの効力を判断すべき基準は、終身雇用の期待の下に無期契約を締結している労働者を解雇する場合とは、おのずから合理的な差異があるべきとして、無期雇用労働者に希望退職を募ることなくされた有期契約労働者の雇止めを有効としています。

したがって、正社員の解雇の場合と比較して、有期契約労働者の雇止めは緩やかに判断されることも少なくありませんが、有期労働契約であってもその就労実態が正社員と近似しており、基幹労働力化しているような場合には、厳格な審査が求められることもあるでしょう（佐々木ほか・前掲書291頁、Q34も参照）。また、前掲日立メディコ事件判決は、人員削減計画の一環としてなされた雇止めの場面の判断であることに留意する必要があります。実務上も有期契約労働者であっても、慎重に対応することが必要だといえます。

(B)　**裁判例**

裁判例では、私用電話・電子メール、上司に対する反抗的態度等を理由とする店長の雇止めが有効とされたF社事件・大阪地堺支判平成26・３・25労経速2209号21頁、業務日誌の不提出、執務場所変更の遅れ、無断で学内アンケートの実施などの行為をした期間雇用のカウンセラーについて、契約期間中の解雇（労働契約法17条１項）は無効だが、雇止めは適法だと判断した学校法人大乗淑徳学園事件・さいたま地判平成26・４・22労経速2209号15頁などがあります。

4　試用期間との区別

新規採用した労働者の労働契約において、その適性を評価する期間が、契約の存続期間を意味する有期労働契約なのか、試用期間付きの無期労働契約なのかが判然としない場合に、雇止め法理を適用するか（労働契約法19条）、もしくは解雇権濫用法理を直接適用するか（同法16条）が問題となることがあります（試用期間であれば、解約権留保付労働契約と解されるため、期間満了では当然に終了せず、本採用拒否は解雇に該当するからです）。

これについて、最高裁判所は、「使用者が労働者を新規に採用するにあたり、その雇用契約に期間を設けた場合において、その設けた趣旨・目的が労働者の適性を評価・判断するためのものであるときは、右期間の満了により右雇用契約が当然に終了する旨の明確な合意が当事者間に成立しているなどの特段の事情が認められる場合を除き、右期間は契約の存続期間ではなく、試用期間であると解するのが相当である」と述べています（神戸弘陵学園事件・最三小判平成２・６・５労判564号７頁）。

実務上も、試用期間との区別が判然としない有期労働契約の更新拒否がされたケースにおいて、上記判例に照らして、実質的には無期労働契約における試用期間であると主張しつつ、予備的に雇止めの適法性が争われることがあります。この場合も、上記判例のいう「期間の満了により雇用契約が当然に終了する旨の明確な合意」の有無などが問題となります。

（織田康嗣）

Q33 更新限度特約・不更新合意

更新限度特約や不更新合意は雇止めの適法性との関係でどのような効果がありますか。

Answer

合意した更新回数・契約期間以降については、契約更新の合理的期待が否定される要素となり得ます。ただし、契約更新を繰り返し、更新への合理的期待がすでに生じている状況で一方的に更新限度特約を設けたとしても、契約更新の合理的期待は直ちに失われません。仮に労働者が更新限度特約を受諾したとしても、会社の説明の程度が考慮されるなど、その有効性判断が慎重になされる場合もあります。

解　説

1 更新限度特約・不更新合意と雇止めの効力

有期労働契約においては、更新年数や更新回数の上限（更新限度特約）や当該契約期間を最後に契約を更新しない旨（不更新合意）を特約として定めることがあります（以下、まとめて「更新限度特約等」という）。

Q32で述べたとおり、雇止めの適法性をめぐる紛争において、契約更新の合理的期待の有無が主要な争点の一つとなることが少なくありません（労働契約法19条２号）。更新限度特約等が有効に成立している場合、合意した更新回数・契約期間以降については、契約更新の合理的期待が否定される要素となり得ます。

その一方で、更新回数に上限を設定するということは、労働者に対して、その上限までは契約が更新されると期待させる効果もあり、その意味では（特約の上限までの）契約更新の合理的期待を基礎づける効果もあることには留意すべきです。また、更新限度特約等の上限を超える期間についても、別途労働者に契約更新を期待させる特別の事情が存在すれば、更新限度特約等が付されていたとしても、契約更新の合理的期待が認められる場合もあるでしょう。

2｜更新限度特約等の有効性

⑴　肯定例

裁判例では、更新限度特約等により雇止めを適法とした例が少なくありません。近畿コカ・コーラボトリング事件・大阪地判平成17・1・13労判893号150頁では、会社が事前に説明会を開いたうえで、不更新条項のある各契約書を有期契約労働者に交付し、同労働者らはこれに署名押印したうえ、確認印も押しているのであるから、その意思表示は明確かつ客観的であったとして、会社と同労働者との間では、合意した日をもって雇用契約を終了させる旨の合意が成立していたとして、有期労働契約は合意により終了していると判示しています。

ほかにも、日立製作所（帰化嘱託従業員・雇止め）事件・東京地判平成20・6・17労判969号46頁では、労働者が会社の人事担当者などと複数回の面談を行い、その中で会社が、労働契約の更新を行わないことを明確に伝え、これに対して労働者も自己の生活の状況を考えて当然と思われる要望を伝えていることからみると、労働者は事態をよく理解して任意に意思決定をしているといえ、これ以上契約が更新されないことを理解して、次年度以降の契約更新を行わない旨の契約書に署名・捺印しているもので、雇用期間満了による雇止めは一種の合意による労働契約の終了ともいうべきものとして有効だと判示しています。

⑵　否定例

その一方で、京都新聞COM事件・京都地判平成22・5・18労経速2079号3頁では、更新限度が3年であることについて説明会を実施したものの、その説明があいまいであるとして、その有効性を認めていません。また、東芝ライラック事件・横浜地判平成25・４・25労判1075号14頁では、これまで長年にわたって勤務してきた有期契約労働者にとって、労働契約を終了させることは著しく不利益なことであるから、労働契約を終了させる合意があったと認めるためにはその旨の労働者の意思が明確でなければならないところ、確かに労働契約書に署名・押印する際に特段の申出や質問をしなかったことは認められるものの、雇用継続を望む労働者にとっては労働契約を直ちに打ち切られることを恐れて使用者の提示した条件での労働契約の締結に異議を述べることは困難であると考えられることに照らせば、労働契約を終了させる明確な意思を有していたと認めることはできないと判断しています（ただし、この場合も、不更新合意の有効性は否定しているものの、雇止めの予告をしたと解することができるとして、契約更新への合理的期待を下げる効果があることは認めています）。

更新限度特約等の有効性が紛争となった場合には、合意の必要性やその内容への理解を求める使用者の説明責任の充足度、労働者の自由な意思による合意といえるかといった点が判断要素の一つになり得るでしょう（岩出・大系97頁）。

３｜更新限度特約等を設ける時期

行政通達（「労働契約法の施行について」第５の５⑵ウ（基発0810第２号、最終改正平成30年12月28日基発1228第17号））によれば、「労働者が雇用継続への合理的な期待を抱いていたにもかかわらず、当該有期労働契約の契約期間の満了前に使用者が更新年数や更新回数の上限などを一方的に宣言したとしても、そのことのみをもって直ちに同号の該当性が否定されることにはならない」としています。更新限度特約等の有効性に関しては、有期契約労働者に対する説明や理解度も重要な要素といえますが、更新限度特約等を設けた時期にも着目する必要があります。

すなわち、契約締結当初から更新限度特約等を設け、労働者もこれを受諾しているような場合には、その上限を超える契約更新への合理的期待は原則として否定され、雇止めが適法と判断されるケースが多いと思われます。その一方で、契約更新への合理的期待がすでに生じている状況で一方的に更新限度特約等を設けたとしても、契約更新の合理的期待が直ちに失われることにはならず（前掲「労働契約法の施行について」第5の5⑵ウ）、また仮に労働者がこれを受諾したとしても、一度発生した更新への期待を奪うものですから、その合意の成立につき慎重な判断が求められるケースもあるでしょう（荒木・504～506頁）。

たとえば、本田技研工業事件・東京高判平成24・9・20労経速2162号3頁では、「従前は更新があり得る内容の有期雇用契約を締結していた労働者が、不更新条項が付された有期雇用契約を締結する際には、不更新条項に合意しなければ有期雇用契約が締結できない立場に置かれる一方、契約を締結した場合には、次回以降の更新がなされない立場に置かれるという意味で、いわば二者択一の立場に置かれることから、半ば強制的に自由な意思に基づかずに有期雇用契約を締結する場合も考えられ、このような具体的事情が認められれば、不更新条項の効力が意思表示の瑕疵等により否定されることもあり得る」と述べています。

就業規則の不利益変更に関して、真摯な自由意思の下での同意が求められるなどとした山梨県民信用組合事件・最二小判平成28・2・19労判1136号6頁に鑑みれば、特に更新への期待が生じた段階において更新限度特約等を設ける場合には、とりわけ使用者の説明の程度や労働者の真摯な同意の有無が問われるでしょう。実務上、更新限度特約等を設ける場合には、これを契約締結当初から定めておくことが望ましいですが、やむを得ず契約更新後に設ける場合には、使用者としては、契約更新ができなくなった事情について労働者に十分に理解を求めるべく説明を尽くすことが重要です。

4 | 近時の判例

更新限度期間の満了を理由とする雇止めの効力が問題となった近時の判例として、福原学園（九州女子短期大学）事件・最一小判平成28・12・1労判

1156号５頁があります。更新限度期間を３年として定めていましたが、原審では、一定数が上限期間満了時に無期労働契約に移行していたこと等から、３年を試用期間とみて、無期労働契約への移行を拒むに足りる相当な事情が認められないとして雇止めを不適法と判断していました（福岡高判平成26・12・12判例集未登載）。しかし、最高裁判所は、規程において、契約期間の更新限度が３年であり、満了時に労働契約を期間の定めのないものとすることができるのは、希望する職員の勤務成績を考慮して学校法人が必要であると認めた場合である旨が明確に定められていたこと、当該労働者もこれを十分に認識したうえで労働契約を締結していたこと、無期労働契約とならなかった職員も複数に上っていたことから、本件労働契約が３年の更新限度期間の満了時に当然に無期労働契約となることを内容とするものであったと解することはできないとして、雇止めを適法と判断しました。

ほかにも、就業規則において、「会社の都合による特別な場合のほかは、満65歳に達した日以後における最初の雇用契約満了の日が到来したときは、それ以後、雇用契約を更新しない」との定めがあり、同条項によって雇止めがなされたケースがあります（日本郵便（期間雇用社員ら雇止め）事件・最二小判平成30・９・14労判1194号５頁）。最高裁判所は、当該条項は、高齢の期間雇用社員について、屋外業務等に対する適性が加齢により低減し得ることを前提に、その雇用管理の方法を定めることは不合理とはいえず、一定の年齢に達した場合には契約を更新しない旨をあらかじめ就業規則に定めておくことには相応の合理性があるとして、労働契約法７条にいう合理的な労働条件を定めたものであるとしたうえで、当該条項については、あらかじめ労働者に周知させる措置がとられていたほか、当該条項により満65歳以降における契約の更新がされない旨を説明する書面が交付され、他の期間雇用社員が当該条項による雇止めを受けていたことなどから、雇用関係継続の期待に合理的な理由があったとはいえないとして、雇止めを適法と判断しました。

この判例は、一定年齢に達したことを上限とする条項を就業規則に設け、それに基づいて雇止めした点で着目されます。最高裁判所は、当該条項が労働契約内容になっているか否かを判断していますが、仮に65歳を下回る年齢を上限とする条項を設けていた場合には、高年齢者等の雇用の安定等に関する法律の関係から合理性が問題とされる可能性もあります。有期契約労働者について、こうした定年類似の上限条項を設ける場合には、参考となる判決といえるでしょう。

（織田康嗣）

Q34　整理解雇的雇止め・派遣労働者の雇止め

経営上の問題から有期契約労働者を雇止めしようと思うのですが、どのような枠組みで雇止めの適法性が判断されますか。また、派遣労働者を雇止めする場合はどうでしょうか。

Answer

期間の定めのない労働者の整理解雇の判断要素（要件）である、①人員整理の必要性、②解雇回避努力、③人選の合理性、④手続の妥当性を考慮して、雇止めの適法性が判断されます。一般的には、期間の定めのない労働者とは異なり、有期契約労働者や派遣労働者については雇止めの適法性が緩やかに判断される傾向にありますが、正社員と比べ遜色のない業務に従事し、基幹労働力化している有期契約労働者については、厳格に判断されることもあるので注意が必要です。

解　説

1｜整理解雇的雇止め

(1)　整理解雇とは

整理解雇とは、経営上の理由による人員整理のための解雇のことをいいますが、Q27で述べたとおり、その有効性は、①人員整理の必要性、②解雇回避努力、③人選の合理性、④手続の妥当性という４要素（要件）をもって検討されます。

これは正社員の場合を予定して構築された理論であるものの、有期契約労働者の雇止めの場合にも適用されています。すなわち、雇止めの客観的合理的理由、社会的相当性の検討において、整理解雇の４要素（要件）を判断要素として検討されます。

⑵　正社員の保護との相違

非正規労働者は、正社員と比較して、企業との結び付きが薄く、会社からは経済変動による雇用調整の役割を果たすことが期待されており、裁判例は、正社員に先立つ整理解雇的雇止めの効力を広く認めていました（日立メディコ事件・最一小判昭和61・12・4労判486号6頁など）。安川電機八幡工場（パート解雇・本訴）事件・福岡地小倉支判平成16・5・11労判879号71頁でも、「パート労働者の雇用契約は、景気変動等による生産量の増減に応じて製造ラインの要員を調整するという目的のもとに、短期的有期契約を前提として簡易な採用手続で締結されるものである以上、本件雇止めの効力を判断する基準は、いわゆる終身雇用の期待の下に期間の定めのない労働契約を締結している正社員の場合とはおのずから合理的な差異がある」としています。

雇止め回避努力義務の履行の程度には、有期契約労働者と正社員の間には、その雇用実態や雇用継続への期待の強弱等による差異があり、正社員に比べて緩やかに判断される点は否めません（岩出・大系110～111頁参照）。裁判例においても、整理解雇の対象者を有期労働契約社員の中から選択することも不合理ではないとするものもあります（ダイフク事件・名古屋地判平成7・3・24労判678号47頁）。

⑶　就労実態が正社員と近似している場合

上記のように、雇止めの保護の程度において、一般論としては正社員の場合と一定の差異があるとしても、正社員と比べ遜色のない業務に従事し、基幹労働力化している有期契約労働者については、人員整理の必要性をはじめとする要件充足性が厳しく判断される傾向にあります（菅野・332頁）。

裁判例では、ヘルスケアセンター事件・横浜地判平成11・9・30労判779号61頁において、正社員と契約社員とでは整理解雇の合理性に違いはあるとしつつも、経営悪化を理由として直ちに人員削減の必要性があるとは認められず、雇止めをすべき合理的な事由の存在が認められないと判断しています。また、三洋電機（保全異議）事件・大阪地決平成3・10・22労判595号

9頁では、余剰人員を確定したうえ、同じ定勤社員の希望退職募集により雇止め回避努力をすべきで、その努力を欠く雇止めは信義則に反するとしています。

したがって、解雇回避努力に関して、正社員のそれと全く同一の措置を講じる必要があるとまではいえませんが、（整理解雇的な）雇止めの適法性にかかわる考慮事項になりますので、可能な限り正社員に準じて、雇止め回避措置を講じるべきでしょう。

(4)　近時の裁判例

整理解雇的な雇止めを不適法と判断した近時の裁判例として、NTTマーケティングアクト事件・岐阜地判平成29・12・25労判1185号38頁があります。同事件では、人員削減の必要性に疑義があるといわざるを得ず、また、会社の対応は雇止めの回避努力として不十分であって、再就職先の斡旋等と引換えに同意書を提出させ、雇止めの有効性について争うことを事実上困難にさせ、契約社員らの雇用の確保ないし雇用喪失に対する手当てとして不相当であることなどから、雇止めは不適法と判断しています。

ほかにも、エヌ・ティ・ティ・ソルコ事件・横浜地判平成27・10・15労判1126号5頁では、15年7か月にわたり、期間1年または3か月の雇用契約を約17回更新し、恒常的・基幹的業務である電話番号案内業務に従事してきたパートタイム社員に対する雇止めは、期間の定めのない雇用契約における解雇と社会通念上同視できると認めるのが相当で労働契約法19条1号に該当するとしました。そのうえで、他業務への転出のすすめは、他業務の内容等を掲示して紹介するというものにとどまり、他業務を希望する社員はあらためて他業務の担当部署で採用面接を受けなければならず、適性がなければ採用されないのであるから、雇止め回避策としては不十分であるといわざるを得ないこと、会社が雇止め対象者に対し雇用継続の希望を確認して他業務の紹介等をしたのは、雇止めの通告後であると認められ、通告前に個別に雇用継続の希望を確認したり、希望する業務を聴取したりしたことは認められないから、当該措置は雇止め回避策ではなく、雇止めを前提とした不利益緩和策にすぎないなどとして、雇止めを不適法と判断しています。

2 派遣労働者の雇止め

(1) 労働者派遣法の性質との関係

派遣労働者と派遣元との労働契約は、多くの場合有期労働契約となっています。派遣労働者については、雇用継続に対する合理的期待が認めにくく、更新拒絶が認められやすい傾向にあります（岩出・大系96頁参照。労働者派遣法25条においても、「派遣就業は臨時的かつ一時的なものであることを原則とする」と規定されています）。

派遣労働者の類型には、①常用型（派遣契約の終了にかかわらず、労働契約が継続するもの）、②登録型（あらかじめ派遣元に労働者を登録しておき、派遣先に需要がある場合のみ労働者と労働契約を締結し、派遣契約期間に限って雇用するもの）のそれぞれがあります。いよぎんスタッフ事件・最二小決平成21・3・27労判991号14頁では、当該派遣労働者が登録型派遣であると認定し、これが反復継続されたからといって派遣契約の終了は雇止めの合理的理由にならないと解することはできないとして、雇止めを適法と判断しています。

(2) 近時の裁判例

近時の裁判例をみると、いすゞ自動車（雇止め）事件・東京高判平成27・3・26労判1121号52頁において、（従前は請負労働者ないし派遣労働者であったが、現在は直接雇用されている者について）臨時従業員にも雇用継続の期待に客観的合理性があるものの、正社員のような期間を定めない労働契約に比べれば、雇用継続の期待に対する合理的期待には限度があり、その保護は限定的なものになると判示しています。

ほかにも、派遣元と派遣先との間の労働者派遣契約は偽装された無効なものであって、派遣労働者と派遣先との間には直接の労働契約が黙示のうちに成立しているなどと主張された、日産自動車ほか（派遣社員ら雇止め等）事件・横浜地判平成26・3・25労判1097号５頁では、結論として、派遣労働者と派遣先との間の法律関係は労働者派遣にほかならず、労働者供給には該当しないのであって、黙示の労働契約が成立していたとはいえず、地位確認請求を否定しています。

（織田康嗣）

Q35 黙示に更新された雇用契約の期間・法的地位の変化の有無

有期労働契約が黙示に更新された場合、無期労働契約になるのですか。

Answer

期間満了後も労働者が引き続き労働に従事し、使用者がこれを知りながら異議を述べないときは、民法上、従前の雇用と同一の条件で更新したものと推定されます（民法629条1項）。黙示に契約更新した場合、無期労働契約に転化するのか否かが問題となり、その見解は分かれています。

解　説

1 民法629条1項

有期労働契約において、期間満了後、労働者が引き続きその労働に従事し、使用者がこれを知りながら異議を述べないときは、従前の雇用と同一の条件でさらに雇用をしたものと推定されます（民法629条1項）。

> （雇用の更新の推定等）
> 民法629条　雇用の期間が満了した後労働者が引き続きその労働に従事する場合において、使用者がこれを知りながら異議を述べないときは、従前の雇用と同一の条件で更に雇用をしたものと推定する。この場合において、各当事者は、第627条の規定により解約の申入れをすることができる。
> 2　略

2 黙示に更新された労働契約の期間

民法629条1項では、「従前の雇用と同一の条件で更に雇用をしたものと推定する」と定められていますが、有期労働契約が黙示に更新された場合、①

無期労働契約に転化するのか、または②従前の期間の定めが更新され、有期労働契約として更新されるのか、争いがあります。

仮に、無期労働契約に転化するのであれば、労働者を解雇する場合、労働契約法16条の適用となる一方、有期労働契約として従前の期間で更新されるのであれば、（期間中の解雇の場合には）同法17条１項が適用されるという違いが生じます（Q28参照）。

⑴　無期労働契約に転化するという立場

民法629条１項後段では、有期労働契約が黙示に更新された場合、民法627条が適用されると定められていますが、同条は無期労働契約の解約（解雇）に関する規定です。民法上は、黙示に有期労働契約が更新された場合に、無期労働契約と同様に解約（解雇）できるという定めになっている以上、黙示の更新後は無期労働契約に転化したと解する立場があります（我妻榮『民法講義債権各論中巻２（民法講義Ⅴ$_3$）』（岩波書店、1962年）589頁）。解雇権濫用法理の適用において、労働者の雇用存続への期待の程度を勘案することは可能であり、有期労働契約の締結時に雇用期間や更新可能性の明示を要することを踏まえ、この立場に賛同する学説も存在します（荒木・484頁）。

この立場を採用した裁判例として、角川文化振興財団事件・東京地決平成11・11・29労判780号67頁などがあり、近時の裁判例でも、「黙示の更新について定める民法629条が、１項後段において、各当事者は、期間の定めのない雇用の解約の申入れに関する同法627条の規定により解約の申入れをすることができると定めていることに照らせば、雇用契約が黙示に更新された場合、更新された雇用契約は、期間の定めのないものになると解するのが相当である」とするものがあります（学校法人矢谷学園ほか事件・広島高松江支判平成27・５・27労判1130号33頁）。

⑵　有期労働契約として更新されるという立場

その一方で、上記見解が唱えられた当時は、無期労働契約について解約（解雇）の自由が存在しており、有期労働契約の黙示の更新がなされたとしても両当事者に解約の自由を与える趣旨であったところ、今日では解雇権濫用法理や雇止め法理が確立している以上、有期労働契約の黙示の更新の場合、従前の同一の期間の契約として更新されると解すべきであるという有力学説が存在します（菅野・335頁）。

裁判例においても、タイカン事件・東京地判平成15・12・19労判873号73頁では、「原告と被告会社間の労働契約は、期間を１年と定めて締結されたものにすぎず、期間満了後も原告が就労を継続したことにより、黙示の更新がされたと推定されるにとどまるというべきである（民法629条）。そして、この場合の更新後の契約期間は、同条の文言どおり、従前の契約と同一条件であり、１年間と推定するのが相当」だとして、黙示の更新により同一期間の有期労働契約に更新されたと判断しています（結論として解雇無効と判断したものの、期間満了による雇用契約の終了を認めています）。

このほか、結論として民法629条１項による更新の推定をさせなかった事例で、労働契約期間の満了する４月15日の30日前までに、労働者に対して契約を更新しない旨を予告せず、かえって契約期間を７月15日までとする労働契約書の案文を送付し、労働者が契約期間について異議を述べなかったという状況下では、当事者間の合理的意思解釈により、労働契約を更新し、その期間を７月15日までとする旨の黙示の合意が成立した例も存在します（その実態から民法629条１項による労働契約の更新が推定されたとはいえないと判断しています。ソクハイ事件・東京地判平成28・11・25労経速2306号22頁）。

⑶　検　討

上記のとおり、見解は分かれているところですが、有期労働契約として更新され、期間満了により終了するとしても、雇止め法理（労働契約法19条）による規制を免れず、一定の保護は図られているように解されます。また、数か月程度の有期労働契約が無期労働契約に転化してしまうというのは、当事者の通常の意思に合わないのではないかという指摘もあり（佐々木宗啓ほか『類型別労働関係訴訟の実務』（青林書院、2017年）301頁）、実務的には従前と同じ有期労働契約によって更新されると考えるのが相当だと解されます。

（織田康嗣）

Q36 有期労働契約の期間の定めのない労働契約への転換

無期転換ルールとはどのような制度なのでしょうか。

Answer

無期転換ルールとは、同一の使用者との間で、有期労働契約が５年を超えて更新された場合、有期契約労働者からの申込みにより、期間の定めのない労働契約に転換されることをいいます。使用者は労働者からの無期転換の申込みを拒絶することはできず、承諾したものとみなされます。また、無期転換後の労働条件については、別段の定めがない限り、（契約期間を除き）従前と同一になります。

解　説

1　無期転換ルールとは

無期転換ルールとは、同一の使用者との間で、有期労働契約が５年を超えて更新された場合、有期契約労働者（契約社員、アルバイトなど）からの申込みにより、期間の定めのない労働契約に転換されることをいいます。

たとえば、契約期間が１年の場合は５回目の更新後の１年間に、契約期間が３年の場合は１回目の更新後の３年間に無期転換の申込権が発生するとされています（発生要件の詳細については後述します）。

有期労働契約が反復更新され、長期間にわたり雇用が継続する場合も少なくなく、有期契約労働者は、雇止めの不安があることによって、年次有給休暇の取得など労働者としての正当な権利行使が抑制されることもあります。そこで、こうした有期労働契約の現状を踏まえ、無期転換ルールを設けることにより、有期労働契約の濫用的な利用を抑制し、労働者の雇用の安定を図ることとした趣旨です（「労働契約法の施行について」第５の４⑴（平成24年８

月10日基発0810第２号、最終改正平成30年12月28日基発1228第17号））。

2 無期転換申込権の発生要件

無期転換ルールに関して、労働契約法18条１項では、以下のとおり定められています。

> （有期労働契約の期間の定めのない労働契約への転換）
>
> 第18条　同一の使用者との間で締結された２以上の有期労働契約（契約期間の始期の到来前のものを除く。以下この条において同じ。）の契約期間を通算した期間（次項において「通算契約期間」という。）が５年を超える労働者が、当該使用者に対し、現に締結している有期労働契約の契約期間が満了する日までの間に、当該満了する日の翌日から労務が提供される期間の定めのない労働契約の締結の申込みをしたときは、使用者は当該申込みを承諾したものとみなす。この場合において、当該申込みに係る期間の定めのない労働契約の内容である労働条件は、現に締結している有期労働契約の内容である労働条件（契約期間を除く。）と同一の労働条件（当該労働条件（契約期間を除く。）について別段の定めがある部分を除く。）とする。
>
> ２　略

(1)　同一の使用者との間の２以上の有期労働契約の存在

無期転換申込権を取得するのに必要な要件として、まず、「同一の使用者との間で締結された２以上の有期労働契約」が存在することが必要です（労働契約法18条１項）。

ここでいう「使用者」とは、労働契約の当事者としての事業主をいい、事業場単位で決せられるものではありません。したがって、同一の企業の複数の事業場で勤務してきたとしても、同要件が否定されることはありません。その一方で、親子会社間やグループ会社間など、異なる法人格の企業で有期労働契約を順次締結した場合には、「同一の使用者」とはいえませんから、原則として期間が通算されることはありません。

出向の場合は、出向元との有期労働契約が残るので（Q24参照）、出向前後の契約期間が通算されることになりますが、転籍では転籍元との有期労働契約がなくなりますので（Q25参照）、原則として転籍前後の契約期間を通算できないことになります。

なお、行政通達によれば、使用者が、就業実態が変わらないにもかかわらず、無期転換申込権の発生を免れる意図をもって、派遣形態や請負形態を偽装して、労働契約の当事者を形式的に他の使用者に切り替えた場合は、法を潜脱するものとして、通算契約期間の計算上「同一の使用者」との労働契約が継続していると解されるとしています（前掲「労働契約法の施行について」第5の4⑵イ）。無期転換申込権が発生する直前の有期労働契約期間満了のタイミングで、契約の形式を「労働契約」から「請負契約」に変更するような場合は行政通達のいう「法の潜脱」に該当する可能性があるので注意が必要です。

⑵　通算契約期間が5年を超えること

同一の使用者の下、2以上の有期労働契約を通算した期間が5年を超えたことが必要となります。

たとえば、契約期間が1年の場合、以下のとおり5回目の更新後の1年間に無期転換申込権が発生します（〔図表1〕参照）。

〔図表1〕　契約期間が1年の場合

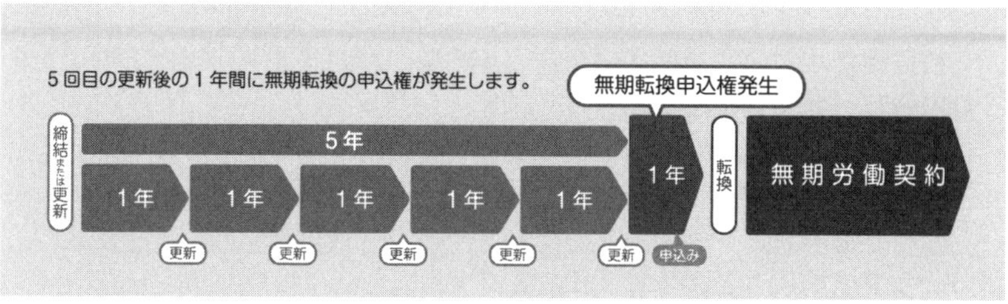

（出典：厚生労働省有期契約労働者の無期転換ポータルサイト〈https://muki.mhlw.go.jp/〉）

契約期間が3年の場合は、契約更新後も3年の契約を更新することになりますので、通算契約期間が6年となります。したがって、この段階で通算契約期間が５年を超えることになりますので、この場合は〔図表２〕のとおり、４年目に無期転換申込権が発生することになります。

〔図表２〕　契約期間が３年の場合

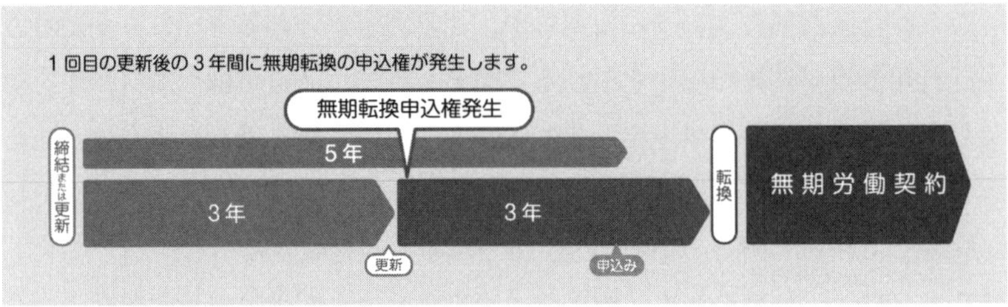

（出典：厚生労働省有期契約労働者の無期転換ポータルサイト〈https://muki.mhlw.go.jp/〉）

ところで、ここでいう通算契約期間は、改正労働契約法の施行日である平成25年４月１日以降に開始した有期労働契約から算定します。たとえば、平成24年６月１日から１年間の有期労働契約を締結し、更新を繰り返している場合、平成24年６月１日～平成25年５月31日の契約期間はカウントされず、平成25年６月１日に開始した有期労働契約からカウントされることになります。

そのため、無期転換申込権が発生する有期労働契約の多くは、平成30年４月以降のものだということになります。

(3)　現に締結している有期労働契約の契約期間が満了する日までの間に無期転換権を行使すること

無期転換申込権は、当該契約期間中に通算契約期間が５年を超えることとなる有期労働契約の契約期間の初日から当該有期労働契約の契約期間が満了する日までの間に行使することができます。

なお、無期転換申込権が生じている有期労働契約の契約期間が満了する日までの間に無期転換申込権を行使しなかった場合であっても、再度有期労働契約が更新された場合は、新たに無期転換申込権が発生し、有期契約労働者は、更新後の有期労働契約の契約期間が満了する日までの間に、無期転換申込権を行使することが可能です（前掲「労働契約法の施行について」第5の4⑵エ）。つまり、無期転換申込権は通算契約期間が5年を超えた最初の有期労働契約の期間内にのみ発生するのではなく、その後の更新によって成立する有期労働契約のたびに発生するということです（菅野・325頁）。

⑷　無期転換の申込みをすること

最後に、「期間の定めのない労働契約の締結の申込み」をすることが必要です（労働契約法18条1項）。したがって、通算契約期間が5年を超えたからといって、自動的に無期労働契約に転換するわけではありません。

なお、無期転換申込権を有する有期契約労働者は、使用者の承諾を待たずに、一方的な意思表示により無期労働契約に転換することができますから、無期転換申込権の法的性質は形成権だと解されます（菅野・323頁）。無期転換の申込みは書面でする必要はなく、口頭でも有効だと解されますが、トラブル防止のため書面で行うべきでしょう。

厚生労働省では、以下のような書式を示しています。

無期労働契約転換申込書

＿＿＿＿＿＿＿＿殿

申出日　令和　年　月　日

申出者氏名　　　　　印

私は、現在の有期労働契約の契約期間の末日までに通算契約期間が5年を超えますので、労働契約法第18条第1項に基づき、期間の定めのない労働契約（無期労働契約）への転換を申し込みます。

無期労働契約転換申込み受理通知書

＿＿＿＿＿＿＿＿＿＿殿

受理日　　令和　　年　　月　　日

職氏名＿＿＿＿＿＿＿＿＿＿＿＿＿印

あなたから令和　　年　　月　　日に提出された無期労働契約転換申込書について受理しましたので通知します。

（出典：厚生労働省「安心して働くための『無期転換ルール』とは」〈https://muki.mhlw.go.jp/policy/leaflet.pdf〉）

3 無期転換申込権を行使した場合の効果

(1) 無期労働契約の開始時期

労働契約法18条１項によれば、「期間の定めのない労働契約の締結の申込みをしたときは、使用者は当該申込みを承諾したものとみなす」と定められており、使用者は無期転換の申込みを拒絶することはできず、承諾したものとみなされます。

ただし、「当該満了する日の翌日から労務が提供される期間の」無期労働契約への転換の申込みをするのですから、無期転換の申込みをした時点から直ちに無期労働契約に転換されるわけではないことに注意が必要です。すなわち、〔図表１〕〔図表２〕にあるように、無期転換申込権が行使されたとしても、現在の有期労働契約の有効期間中は、その有期労働契約は有効に存続し、その後、有期労働契約が期間満了により終了した翌日より、新たな無期労働契約が開始されることになります。

(2) 労働契約法16条や17条１項の適用の可能性

無期転換申込権が行使された後に労働契約を終了させる場合は、雇止め法理（労働契約法19条）ではなく、労働契約法16条や17条１項が適用されます。

つまり、無期転換申込権を行使することにより、（現に締結している有期労働契約の契約期間が満了する日の翌日から労務が提供される）無期労働契約がその行使の時点で成立しています。したがって、無期転換申込権が行使された後、有期労働契約の契約期間が満了する日をもって当該有期契約労働者との契約関係を終了させようとする使用者は、無期転換申込権の行使により成立した無期労働契約を解約（解雇）する必要があり、労働契約法16条が適用されます。

また、現に締結している有期労働契約の契約期間が満了する日より前に使用者が当該有期契約労働者との契約関係を終了させようとする場合は、契約期間中の解雇となり、労働契約法17条１項が適用されます。

いずれにせよ、雇止めの場合よりも契約終了のハードルが高くなることに注意が必要です。

(3)　無期転換後の労働条件

労働契約法18条１項では、「労働条件は、現に締結している有期労働契約の内容である労働条件（契約期間を除く。）と同一の労働条件（当該労働条件（契約期間を除く。）について別段の定めがある部分を除く。）とする」と定められています。

したがって、別段の定めがない限り、無期転換したとしても、給与や待遇などの労働条件は従前と同一になります（契約期間の定めのみ、無期転換によって、期間の定めのないものになります）。

もっとも、「別段の定め」により、無期転換後の労働条件を定めることも可能です。ここでいう「別段の定め」には、個別合意、労働協約、就業規則のいずれによっても可能です。

実務上、無期転換社員を適用対象とする就業規則が設けられることも少なくありません（定年など、有期労働契約者に通常定められていない労働条件を無期転換労働者に適用する必要がある場合も存在します）。この場合、労働者と使用者との間で合意しているならば、労働契約法９条により労働条件を変更できますが、合意ができない場合には、就業規則の新設にあたり、同法10条が適用されることになります（Q21参照）。

4 無期転換申込権の放棄

(1) 事前の放棄

無期転換申込権が発生する前に、事前に有期契約労働者が無期転換申込権を放棄することはできるのでしょうか。

この点、行政通達では、「雇止めによって雇用を失うことを恐れる労働者に対して、使用者が無期転換申込権の放棄を強要する状況を招きかねず、法第18条の趣旨を没却するものであり、こうした有期契約労働者の意思表示は、公序良俗に反し、無効と解される」としており（前掲「労働契約法の施行について」第5の4(2)オ)、実務上は事前の放棄について、慎重に対応する必要があるでしょう。

学説上も、無期転換申込権は労働者個々人の選択権であるので、合理的な理由があってそれが本人の意思に表れていると認められるのであれば放棄できると指摘しつつ、高度な技術や専門的能力があり、有期プレミアム（有期労働契約ゆえに高額な報酬が約束されている場合など）を得る交渉力のある有期契約労働者が、無期転換申込権を放棄する代わりに有期プレミアムを獲得したような場合には、真意に出た意思表示として有効と認めて差し支えないとしており（菅野・326頁)、事前の無期転換申込権の放棄が認められるのは、かなり限定的な場面だと解されます。

(2) 事後の放棄

これに対して、無期転換申込権が発生した後、事後にこれを放棄する場合については、行政通達では言及していませんが、学説では「労働者が無期転換申込権をすでに有していることを知っている限り、使用者による更新拒否を恐れる必要がなく、したがって自由な意思表示と認められやすくなる」と指摘しています（菅野・327頁)。

無期転換申込権が発生してしまえば、使用者による雇止めに対しても、労働者は無期転換申込権の行使によって対抗することができる状況にあります。とはいえ、一度取得した権利を放棄させることには変わりなく、労働者の自由意思に基づくものか、慎重に認定する必要があるでしょう。

5 クーリング期間

クーリング期間に関して、労働契約法18条２項では、以下のとおり定められています。

> （有期労働契約の期間の定めのない労働契約への転換）
> 第18条　略
> ２　当該使用者との間で締結された一の有期労働契約の契約期間が満了した日と当該使用者との間で締結されたその次の有期労働契約の契約期間の初日との間にこれらの契約期間のいずれにも含まれない期間（これらの契約期間が連続すると認められるものとして厚生労働省令で定める基準に該当する場合の当該いずれにも含まれない期間を除く。以下この項において「空白期間」という。）があり、当該空白期間が６月（当該空白期間の直前に満了した一の有期労働契約の契約期間（当該一の有期労働契約を含む２以上の有期労働契約の契約期間の間に空白期間がないときは、当該２以上の有期労働契約の契約期間を通算した期間。以下この項において同じ。）が１年に満たない場合にあっては、当該一の有期労働契約の契約期間に２分の１を乗じて得た期間を基礎として厚生労働省令で定める期間）以上であるときは、当該空白期間前に満了した有期労働契約の契約期間は、通算契約期間に算入しない。
>
> （下線筆者）

(1) クーリング期間とは

上記のとおり、労働契約法18条２項によれば、同一の使用者との有期労働契約であったとしても、有期労働契約を締結していない期間が一定期間以上あった場合には、クーリング期間として、それ以前の契約期間は通算契約期間から除外される（通算契約期間がリセットされる）ことになっています。

なお、労働契約法18条２項の「厚生労働省令で定める基準」として、「労働契約法18条１項の通算契約期間に関する基準を定める省令」（平成24年厚生労働省令148号。以下、「基準省令」という）が出されています。

(2) クーリング期間の算出方法

労働契約法18条２項によれば、空白期間が次の①②のいずれかに該当すれば、クーリング期間として通算契約期間から除外されます。

① 無契約期間が６か月以上である場合

② 無契約期間の直前の有期労働契約の契約期間（※）が１年未満の場合、その期間に２分の１を乗じて得た期間（１か月未満の端数は１か月に切り上げて計算する）以上である場合

※複数の有期労働契約が間をおかずに連続している場合または基準省令１条１項で定める基準に該当し連続するものと認められる場合にあっては、それらの有期労働契約の契約期間の合計

(3) 契約期間が通算される場合

複数の有期労働契約の間に無契約期間があったとしても、「契約期間が連続すると認められるものとして厚生労働省令で定める基準に該当する場合の当該いずれにも含まれない期間」（労働契約法18条２項、前記下線部）はクーリング期間として認められません。前述のように、６か月以上の空白期間はクーリング期間に該当することから、連続する有期労働契約か否か検討しなければならないのは、直近の６か月以上の空白期間後の有期労働契約ということになります。

そして、契約期間が連続するか否かについては、無契約期間とその前にある有期労働契約の契約期間の長さを比較し、当該契約期間に２分の１を乗じて得た期間よりも無契約期間のほうが短い場合には、無契約期間の前後の有期労働契約が連続すると認められます。詳細なルールについては、以下のとおりです（前掲「労働契約法の施行について」第５の４(2)コ）。

① 最初の雇入れの日後最初に到来する無契約期間から順次、無契約期間とその前にある有期労働契約の契約期間の長さを比較し、当該契約期間に２分の１を乗じて得た期間よりも無契約期間のほうが短い場合には、無契約期間の前後の有期労働契約が「連続すると認められるもの」とな

り、前後の有期労働契約の契約期間を通算する。

② ①において、無契約期間の前にある有期労働契約が他の有期労働契約と間をおかずに連続している場合、または基準省令1条1項で定める基準に該当し連続すると認められるものである場合については、これら連続しているまたは連続すると認められるすべての有期労働契約の契約期間を通算した期間と、無契約期間の長さとを比較する。

③ 基準省令1条1項各号の「2分の1を乗じて得た期間」の計算において、1か月に満たない端数を生じた場合は、1か月単位に切り上げて計算した期間とすること。また、「2分の1を乗じて得た期間」が6か月を超える場合は、無契約期間が6か月未満のときに前後の有期労働契約が連続するものとして取り扱う。

これをまとめると〔図表3〕のとおりであり、左欄の契約期間の区分に応じ、右欄の無契約期間未満であれば、無契約期間の前後の有期労働契約が通算されることになります。さらにこれを図示すると、〔図表4〕のとおりとなります（前掲「労働契約法の施行について」別紙）。

〔図表3〕 契約期間の連続の判断

有期労働契約の契約期間 （②に該当する場合は通算した期間）	無契約期間
2か月以下	1か月未満
2か月超～4か月以下	2か月未満
4か月超～6か月以下	3か月未満
6か月超～8か月以下	4か月未満
8か月超～10か月以下	5か月未満
10か月超～	6か月未満

〔図表４〕　労働契約法18条１項の通算契約期間に関する基準を定める省令１条１項について

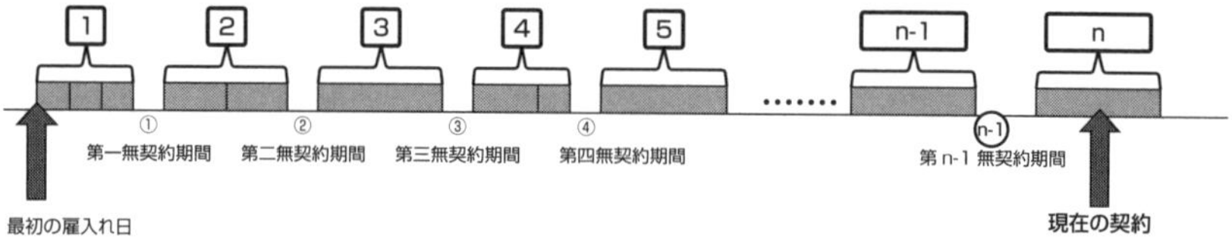

号		無契約期間の位置	次の基準を満たすときは、左欄の無契約期間の前後の有期労働契約が連続すると認められる。
一		①（最初の雇入れの日後最初に到来する無契約期間）	①の期間が、[1]に２分の１を乗じて得た期間（★）未満であるときは、[1]と[2]が連続すると認められる。
二		②	次に掲げる場合に応じ、それぞれ次に定めるものであるときは、[2]と[3]が連続すると認められる。
	イ	[1]と[2]が連続すると認められる場合	②の期間が、（[1]＋[2]）に２分の１を乗じて得た期間が（★）未満であること。
	ロ	イに掲げる場合以外の場合	②の期間が、[2]に２分の１を乗じて得た期間（★）未満であること。
三		③	次に掲げる場合に応じ、それぞれ次に定めるものであるときは、[3]と[4]が連続すると認められる。
	イ	[3]以前の全ての有期労働契約が連続すると認められる場合	③の期間が、（[1]＋[2]＋[3]）に２分の１を乗じて得た期間（★）未満であること。
	ロ	[2]と[3]が連続すると認められる場合	③の期間が、（[2]＋[3]）に２分の１を乗じて得た期間（★）未満であること。
	ハ	イ又はロに掲げる場合以外の場合	③の期間が、[3]に２分の１を乗じて得た期間（★）未満であること。

四	④以降の無契約期間	当該無契約期間が、前三号の例により計算して得た期間未満であること。

※　★印は「6か月を超えるときは6か月とし、1か月に満たない端数を生じたときは、これを1か月として計算した期間とする。」の略。

(4)　無契約期間の直前の有期労働契約の契約期間が1年未満の場合

前述のように、無契約期間が6か月以上の場合に加えて、無契約期間の直前の有期労働契約の契約期間（複数の有期労働契約が間をおかずに連続している場合または基準省令1条1項で定める基準に該当し連続するものと認められる場合にあっては、それらの有期労働契約の契約期間の合計）が1年未満の場合、当該期間に2分の1を乗じて得た期間以上の無契約期間が存在すれば、クーリング期間として認められます。

ただし、1か月に満たない端数を生じた場合は、1か月単位に切り上げて計算した期間とする必要がありますので、まとめると〔図表5〕のとおりであり、無契約期間の直前の契約期間の区分に応じ（左欄）、空白期間が右欄に掲げる長さ以上であれば、クーリング期間として認められることになります。

〔図表5〕　無契約期間の直前の有期労働契約の契約期間が1年未満の場合のクーリング期間

有期労働契約の契約期間	空白期間
2か月以下	1か月以上
2か月超～4か月以下	2か月以上
4か月超～6か月以下	3か月以上
6か月超～8か月以下	4か月以上
8か月超～10か月以下	5か月以上
10か月超～1年未満	6か月以上

(5)　具体例

以上を踏まえ、具体的なケースで検討してみましょう（厚生労働省「無期転換ルールハンドブック」〈https://muki.mhlw.go.jp/policy/handbook2018.pdf〉参照）。

(A)　**無期転換申込権が発生するケース**

〔図表６〕　無契約期間以前の通算契約期間が「１年以上」の場合

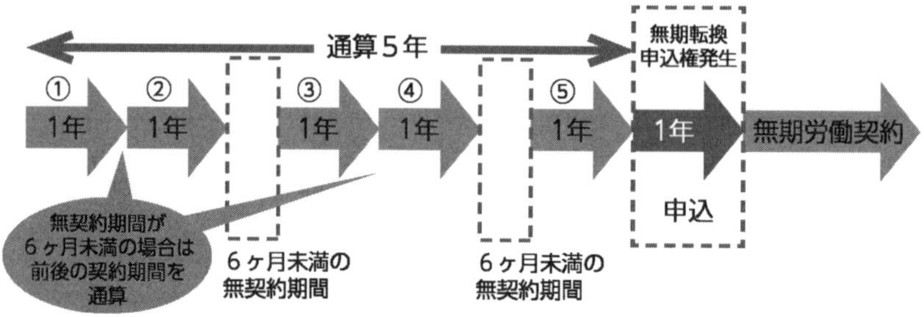

有期労働契約期間が１年以上の場合、クーリング期間としては６か月以上のものが求められます。したがって、無契約期間が６か月未満であれば、前後の契約期間が通算され、〔図表６〕のケースであれば、無期転換申込権が発生することになります。

〔図表７〕　無契約期間以前の通算契約期間が「１年未満」の場合

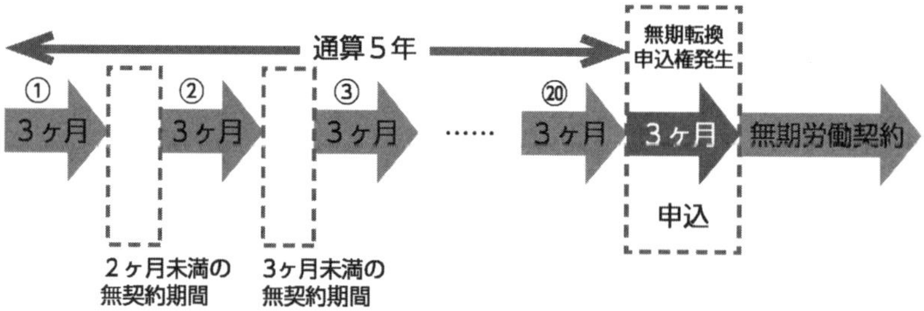

〔図表７〕のケースでは、有期労働契約期間が１年未満ですので、当該期間に２分の１を乗じて得た期間以上の無契約期間が存在すれば、クーリング期間として認められます。ただし、端数は１か月単位で切り上げとなりますので、たとえば①と②の契約の間の無契約期間については、「３÷２＝1.5→（端数切り上げにより）２か月」以上であれば、クーリング期間として認められますが、反対に２か月未満であれば、①②の契約が通算されることにな

ります。そして、①②が通算される場合、①と②の契約期間の合計である6か月を基準にその次の無契約期間（②と③の間）が検討されます。すなわち、3か月未満の無契約期間であれば通算されるということです。

(B)　**無期転換申込権が発生しないケース**

〔図表8〕　無契約期間以前の通算契約期間が「1年以上」の場合

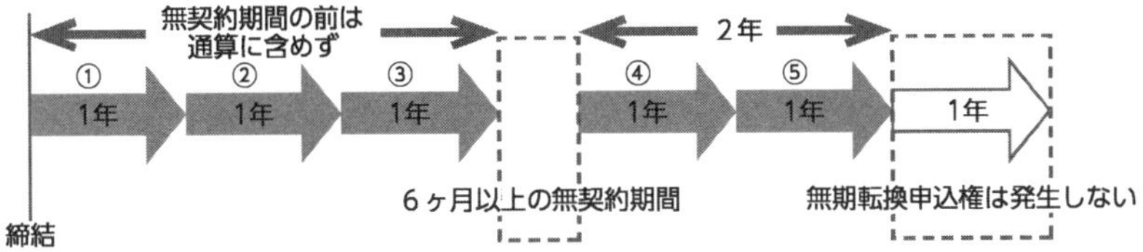

〔図表8〕のケースの場合、③と④の間に6か月以上の無契約期間が存在しますので、当該期間はクーリング期間として認められ、①～③は通算対象から除外されます。したがって、④⑤のみでは無期転換申込権が発生する通算契約期間としては不足しますので、無期転換申込権は発生しません。

〔図表9〕　無契約期間以前の通算契約期間が「1年未満」の場合

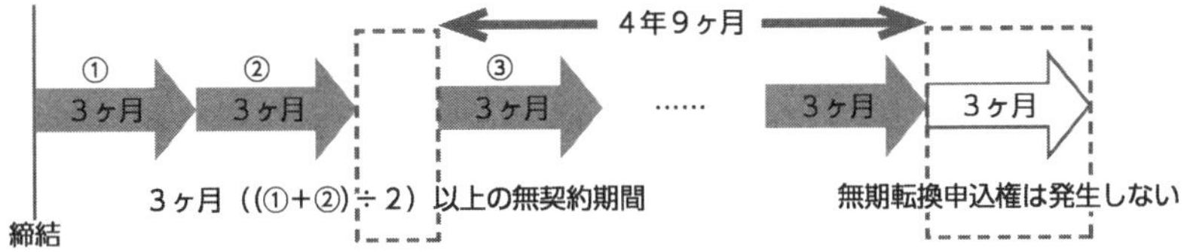

〔図表9〕のケースは無契約期間の直前の有期労働契約が1年未満です（①②は「無契約期間の前にある有期労働契約が他の有期労働契約と間を置かずに連続している場合」に該当しますので、①②の通算契約期間と無契約期間の長さを比較します）。

この場合、①②と③の間に3か月以上の無契約期間が存在すれば、当該期間はクーリング期間として認められ、①②は通算契約期間から除外されます。

6　おわりに

近時、無期転換申込権を行使したにもかかわらず、雇止めされたことを理由に地位確認請求がなされた労働審判事件がありました（KLMオランダ航空事件）。同事件では、オランダ本国での「訓練」期間について、これが雇用にあたるか否か、労働契約法18条の「通算５年」の始期が争点となったものです（結論として、雇止めは不適法であり、無期転換を認める旨の労働審判が出されています）。

無期転換制度の導入から時間も経ち、無期転換権がすでに発生しているケースも少なくなく、今後紛争が顕在化することが予想されます。企業側としては、（無期転換社員に適用する就業規則を整備するか否かも含め）無期転換社員の労働条件をどうするか検討しておくことはもちろん、無期転換の対象となる有期労働契約者の有無についても、今一度確認しておく必要があるでしょう。

（織田康嗣）

Q37 有期特措法等による無期転換の制限等

同一の使用者との間で有期労働契約が５年を超えて更新された場合、無期転換申込権が発生するとされていますが、このルールに例外はないのでしょうか。

Answer

高度専門職については、雇用管理措置に関する計画の認定申請を行い、その認定を受けることによって、プロジェクトに従事している期間（上限10年）は無期転換申込権が発生しないという特例を受けることができます（専門的知識等を有する有期雇用労働者等に関する特別措置法（以下、「有期特措法」という）８条１項）。

また、継続雇用の高齢者の場合についても、同様に認定を受けた事業主の下で、定年に達した後、当該事業主に引き続いて雇用されている期間について、無期転換申込権が発生しないという特例を受けることができます（有期特措法８条２項）。

さらに、一定の研究者・大学教員等について、無期転換申込権発生までの期間を10年とする特例が設けられています（科学技術・イノベーション創出の活発化に関する法律（以下、「科技イノベ法」という）15条の２、大学の教員等の任期に関する法律（以下、「大学教員等任期法」という）７条）。

解　説

1 高度専門職・継続雇用の高齢者の例外（有期特措法）

(1) 概　要

無期転換ルールの例外として、一定の高度専門職や継続雇用の高齢者については、事業主が雇用管理措置の計画を作成し、都道府県労働局長の認定を受ければ、無期転換申込権発生までの期間が原則の５年から延長される特例が適用されます。

特に高齢者については、定年後再雇用により有期労働契約で就労し、その後、無期転換ルールに基づいて無期労働契約に戻るといった事態が想定されますが、こうした事態に対応するため、企業は第二定年を設けることも少なくありません。しかし、第二定年を超えても、労使双方が継続勤務を希望するような個別のケースにおいて、高齢者の就労機会を奪う可能性があり、また、65歳以上の第二定年を設けた場合、無期転換ルールに基づいて、当該年齢まで無期労働契約となりますが、高齢者個々人の体力等を踏まえ、定期的に雇用の継続可否を判断したいというニーズも存在します。

このような課題を踏まえ、平成27年４月１日から「専門的知識等を有する有期雇用労働者等に関する特別措置法」（有期特措法）が施行されました。

⑵　対象者

特例の適用対象者は以下のとおりです。

①　専門的知識を有する有期契約労働者（以下、「高度専門職」という）

②　定年に達した後引き続いて雇用される有期契約労働者（以下、「継続雇用の高齢者」という）

以下、それぞれの対象者の要件について解説します。

(A)　高度専門職

高度専門職の対象者については、有期特措法２条１項、平成27年３月18日厚労省告示67号により、年収要件や範囲が定められています。

(a)　年収要件

事業主との間で締結された有期労働契約の契約期間に、その事業主から支払われると見込まれる賃金の額を１年間あたりの賃金の額に換算した額が1075万円以上であること、とされています。

(b)　高度専門職の範囲

高度専門職の範囲については、下記のとおりとされています。

①　博士の学位を有する者

② 公認会計士、医師、歯科医師、獣医師、弁護士、一級建築士、税理士、薬剤師、社会保険労務士、不動産鑑定士、技術士または弁理士

③ ITストラテジスト、システムアナリスト、アクチュアリーの資格試験に合格している者

④ 特許発明の発明者、登録意匠の創作者、登録品種の育成者

⑤ 大学卒で5年、短大・高専卒で6年、高卒で7年以上の実務経験を有する農林水産業・鉱工業・機械・電気・建築・土木の技術者、システムエンジニアまたはデザイナー

⑥ システムエンジニアとして実務経験5年以上を有するシステムコンサルタント

⑦ 国等によって知識等がすぐれたものであると認定され、上記①から⑥までに掲げる者に準ずるものとして厚生労働省労働基準局長が認める者

(B) 継続雇用の高齢者

継続雇用の高齢者とは、定年（60歳以上のものに限る）に達した後、引き続いて当該事業主に雇用される有期契約労働者のことをいいます（有期特措法2条2項）。

(3) 雇用管理措置に関する計画の認定申請

有期特措法による特例を受けるためには、事業主から厚生労働大臣に対し、対象労働者の特性に応じて適切に雇用管理を行うための計画を提出して、同計画が厚生労働大臣の定める基本方針に合致するものとして、認定を受ける必要があります（有期特措法4条ないし7条）。具体的には、高度専門職の場合は「第一種計画認定・変更申請書」（【書式1】（192頁）参照）、継続雇用の高齢者の場合は「第二種計画認定・変更申請書」を管轄する都道府県労働局に申請し（【書式2】（194頁）参照）、認定を受けなければなりません。

同申請にあたっては、高度専門職や継続雇用の高齢者に対し、その特性に応じた適切な雇用管理を行うための措置内容を記載し、それを実施することがわかる書類を添付する必要があります。

ここで求められている、高度専門職や継続雇用の高齢者の特性に応じた適

切な雇用管理を行うための措置として、以下のいずれかの措置を講じることが必要です（平成27年３月18日基発0318第１号）。

⑷　**高度専門職**

高度専門職に係る措置としては、下記があげられます。

①　教育訓練に係る休暇の付与（有休休暇または長期にわたる休暇の付与）

②　教育訓練に係る時間の確保のための措置（始業または終業時刻の変更、勤務時間の短縮など）

③　教育訓練に係る費用の助成（受講料等の金銭的援助など）

④　業務の遂行の過程外における教育訓練の実施

⑤　職業能力検定を受ける機会の確保

⑥　情報の提供、相談の機会の確保等の援助

⒝　**継続雇用の高齢者**

継続雇用の高齢者に係る措置としては、下記があげられます。

①　高年齢者等の雇用の安定等に関する法律11条の規定による高年齢者雇用推進者の選任

②　職業能力の開発および向上のための教育訓練の実施等

③　作業施設・方法の改善（作業補助具の導入を含めた機械設備の改善、作業の平易化等作業方法の改善、照明その他の作業環境の改善、福利厚生施設の導入・改善）

④　健康管理・安全衛生の配慮（身体的機能や体力等の低下を踏まえた職場の安全性の確保、事故防止への配慮および健康状態を踏まえた適正な配置）

⑤　職域の拡大（身体的機能の低下等の影響が少なく、高年齢者の能力、知識、経験等が十分に活用できる職域を拡大するための企業における労働者の年齢構成の高齢化に対応した職務の再設計等の実施）

⑥　知識・経験等を活用できる配置・処遇の推進（高年齢者の知識、経験等を活用できる配置、処遇の推進のための職業能力を評価するしくみや資格制度、専門職制度等の整備）

⑦　賃金体系の見直し（高年齢者の就労の機会を確保するための能力、職務

等の要素を重視する賃金制度の整備）

⑧　勤務時間制度の弾力化（高齢期における就業希望の多様化や体力の個人差に対応するための短時間勤務、隔日勤務、フレックスタイム制、ワークシェアリング等を活用した勤務時間制度の弾力化）

(4)　特例の効果

特例が適用された場合、無期転換申込権発生までの期間について、原則５年から次のとおり延長されます。

(A)　高度専門職

高度の専門的知識等を必要とし、５年を超える一定の期間内に完了する業務（特定有期業務。以下、「プロジェクト」という）に従事している期間（上限10年）について、無期転換申込権は発生しません。ただし、ここでいうプロジェクトには、毎年行われる業務など恒常的に継続する業務については含まれません。

たとえば、以下のように、雇入れの当初から７年間プロジェクトに従事させた場合、その７年間は無期転換申込権は発生しません。ただし、プロジェクト終了後も引き続き有期労働契約を更新した場合には、無期転換ルールが適用されますので、注意が必要です。

〔図表10〕　高度専門職に関する特例①

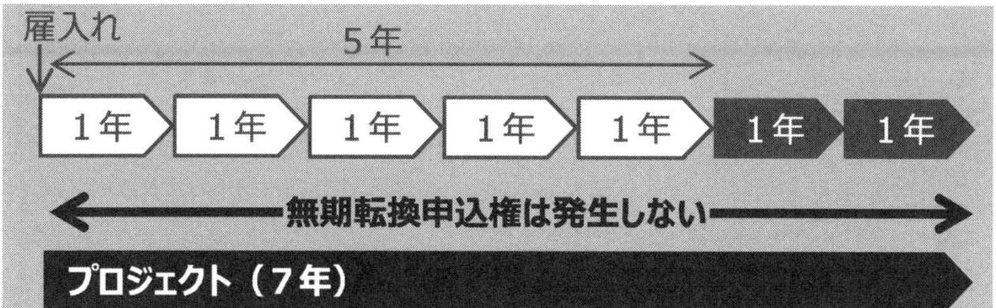

（出典：厚生労働省「高度専門職・継続雇用の高齢者に関する無期転換ルールの特例について」）

留意しなければならないのは、高度専門職に関する特例は、通常の無期転換ルールにおける「５年」が、認定を受けたプロジェクトの開始の日から終了までの日の「期間」となり、その期間は無期転換申込権が発生しないことを定めるものです（有期特措法８条１項）。したがって、次のように、高度専門職を雇入れから４年目で新たに７年のプロジェクトに従事させた場合、雇入れから７年を超えれば無期転換申込権が発生することになります。

〔図表11〕 高度専門職に関する特例②

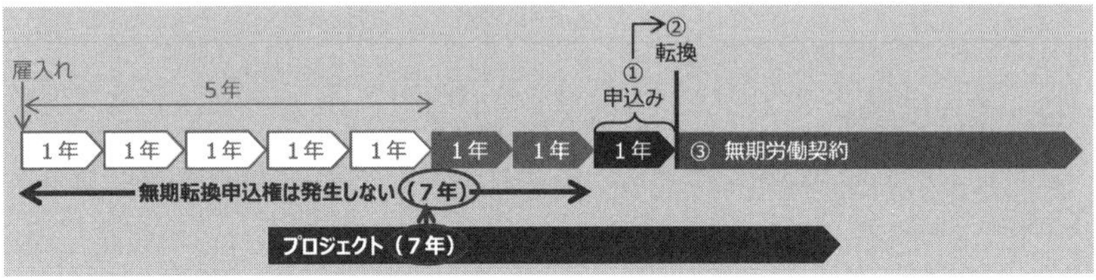

（出典：厚生労働省「高度専門職・継続雇用の高齢者に関する無期転換ルールの特例について」）

(B) 継続雇用の高齢者

継続雇用の高齢者の場合は、認定を受けた事業主の下で、定年に達した後その事業主に引き続いて雇用されている期間について、無期転換申込権は発生しません（有期特措法８条２項）。高度専門職の場合と異なり、上限期間は定められていません。

〔図表12〕 継続雇用の高齢者に関する特例

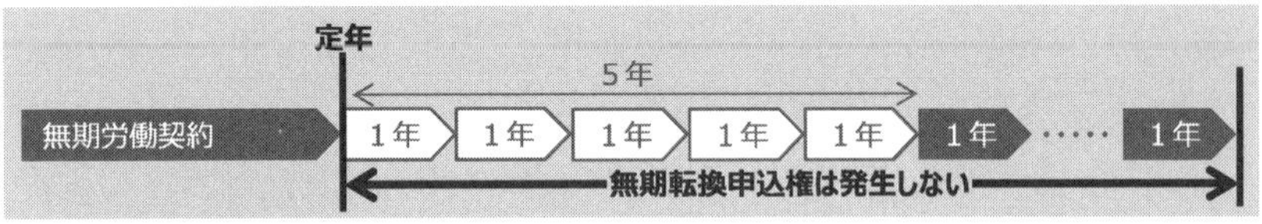

（出典：厚生労働省「高度専門職・継続雇用の高齢者に関する無期転換ルールの特例について」）

(5) 特例に関する労働条件明示

有期特措法による特例の適用にあたっては、紛争防止の観点から、事業主は、労働契約の締結・更新時に、特例の対象となる労働者に対し、特例の内容等について明示することが必要です（労働基準法15条、特定有期雇用労働者に係る労働基準法施行規則第５条の特例を定める省令（平成27年厚労省令第36

号))。

具体的には、①高度専門職に対しては、プロジェクトに係る期間（最長10年）が、継続雇用の高齢者に対しては、定年後引き続いて雇用されている期間が、それぞれ無期転換申込権が発生しない期間であることを書面で明示するとともに、②高度専門職に対しては、特例の対象となるプロジェクトの具体的な範囲を書面で明示することが必要です。

2 研究者・大学教員等の例外（科技イノベ法および大学教員等任期法）

無期転換ルールの例外として、前述の有期特措法のほか、研究者や大学教員等について、無期転換申込権の発生期間の原則５年を10年とする特例が定められています（科技イノベ法15条の２、大学教員等任期法７条)。

これは、大学等の高等研究機関では、多数の研究者を有期労働契約により研究資金が続く限りで雇用しているところ、資金確保が不安定であり、５年を超えて継続する場合の無期転換は困難である一方、５年での雇止めとなれば人材確保が不安定となり、研究・教育を困難にする懸念があったことによるものです（菅野・332頁)。

契約期間を１年とする場合は、〔図表13〕のとおり、特例の対象者については無期転換申込権発生までの期間が10年となります。

〔図表13〕　研究者・大学教員等の例外（契約期間を１年とする場合）

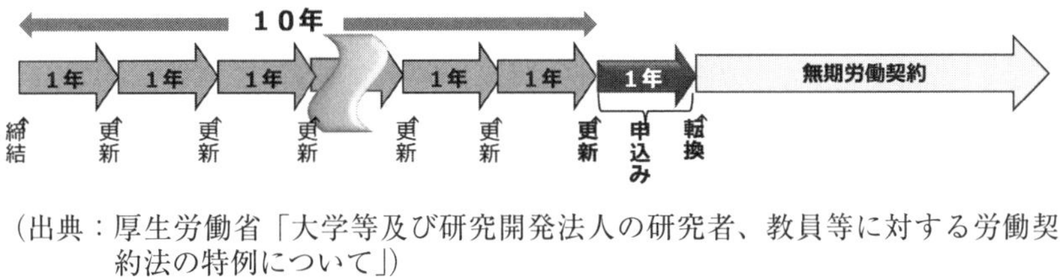

（出典：厚生労働省「大学等及び研究開発法人の研究者、教員等に対する労働契約法の特例について」）

この特例の対象者は、次のとおりです（①〜④は科技イノベ法15条の２第１項、⑤については大学教員等任期法７条１項に規定されています)。

① 科学技術※１に関する研究者など※２であって大学等を設置する者又は研究開発法人との間で有期労働契約を締結したもの

※１　労働契約法の特例に関するここでの「科学技術」には、人文科学のみに係るものも含まれます。

※２　科学技術に関する研究者又は技術者（科学技術に関する試験若しくは研究又は科学技術に関する開発（以下「研究開発」という。）の補助を行う人材を含む。）をいいます。（以下同じ。）

② 研究開発等※３に係る企画立案、資金の確保並びに知的財産権の取得及び活用その他の研究開発等に係る運営及び管理に係る業務（専門的な知識及び能力を必要とするものに限る。以下「運営管理に係る業務」という。）に従事する者であって大学等を設置する者又は研究開発法人との間で有期労働契約を締結したもの

※３　研究開発又は研究開発の成果の普及若しくは実用化をいいます。

③ 大学等、研究開発法人及び試験研究機関等以外の者が大学等、研究開発法人又は試験研究機関等との協定その他の契約によりこれらと共同して行う研究開発等（以下「共同研究開発等」という。）の業務に専ら従事する科学技術に関する研究者などであって当該大学等、研究開発法人又は試験研究機関等以外の者との間で有期労働契約を締結したもの

④ 共同研究開発等に係る運営管理に係る業務に専ら従事する者であって当該共同研究開発等を行う大学等、研究開発法人又は試験研究機関等以外の者との間で有期労働契約を締結したもの

⑤ 大学の教員等の任期に関する法律（任期法）に基づく任期の定めがある労働契約を締結した教員等

※①～④は、研究開発力強化法第15条の２第１項、⑤については任期法第７条第１項に規定されています。

（出典：厚生労働省「大学等及び研究開発法人の研究者、教員等に対する労働契約法の特例について」）

【書式１】　第一種計画認定・変更申請書

第一種計画認定・変更申請書

年　月　日

○○労働局長殿

1　申請事業主

名称・氏名		代表者氏名 （法人の場合）	印
住所・所在地	〒（　　-　　）	電話番号 ＦＡＸ番号	（　　） （　　）

2　特定有期業務の内容並びに開始及び完了の日

(1)　内容

業務の内容	業務が行われる主な事業場の名称：（　　　　　　　）
必要とする専門的知識等	□博士の学位　□公認会計士　□医師　□歯科医師　□獣医師 □弁護士　□一級建築士　□税理士　□薬剤師　□社会保険労務士 □不動産鑑定士　□技術士　□弁理士 □ITストラテジスト又はシステムアナリストの資格試験に合格している者 □アクチュアリーの資格試験に合格している者 □特許発明の発明者　□登録意匠の創作者　□登録品種の育成者 □農林水産業・鉱工業・機械・電気・土木・建築の技術者 □システムエンジニア　□デザイナー　□システムコンサルタント

(2)　開始及び完了の日

開始の日	完了の日	特定有期業務の期間
年　月　日	年　月　日	年　月　日

3　第一種特定有期雇用労働者の特性に応じた雇用管理に関する措置の内容

□教育訓練を受けるための有給休暇又は長期休暇の付与（労働基準法第39条の年次有給休暇を除く）

□始業及び終業時刻の変更　　□勤務時間の短縮

□その他能力の維持向上を自主的に図るための時間の確保に関する措置（学会参加を含む）

（　　　　　　　　　　　　　　　　　　　　　　　　　　　　　　　　　　）

□受講料などの金銭的援助

□その他職業能力開発を支援するための教育訓練に係る費用の助成

（　　　　　　　　　　　　　　　　　　　　　　　　　　　　　　　　　　）

□教育訓練の実施（事業主以外の機関等の施設により行われる教育訓練の受講を含む）

□職業能力検定の実施（他の事業主等が行う職業能力検定の受検を含む）

□業務の遂行に必要な技能及び知識の内容等に関する情報の提供、相談の機会の確保その他の援助

（　　　　　　　　　　　　　　　　　　　　　　　　　　　　　　　　　　）

（記入上の注意）

1.「2⑴内容」の「必要とする専門的知識等」の欄は、該当する専門的知識等の□にチェックして下さい。

2.「3　第一種特定有期雇用労働者の特性に応じた雇用管理に関する措置の内容」は該当する措置の内容の□にチェックして下さい。

（添付書類）

1.「3　第一種特定有期雇用労働者の特性に応じた雇用管理に関する措置」を実施することが分かる資料（例：職業能力開発計画、労働契約書の雛形、就業規則等）

2. 変更申請の場合は、認定されている計画の写し。

（出典：厚生労働省「高度専門職・継続雇用の高齢者に関する無期転換ルールの特例について」）

【書式2】　第二種計画認定・変更申請書

第二種計画認定・変更申請書

年　月　日

○○労働局長殿

1　申請事業主

名称・氏名		代表者氏名 (法人の場合)	印
住所・所在地	〒（　-　）	電話番号　（　） ＦＡＸ番号　（　）	

2　第二種特定有期雇用労働者の特性に応じた雇用管理に関する措置の内容

□高年齢者雇用推進者の選任

□職業訓練の実施

□作業施設・方法の改善

□健康管理、安全衛生の配慮

□職域の拡大

□職業能力を評価する仕組み、資格制度、専門職制度等の整備

□職務等の要素を重視する賃金制度の整備

□勤務時間制度の弾力化

3　その他

□高年齢者雇用安定法第９条の高年齢者雇用確保措置を講じている。

　□65歳以上への定年の引き上げ

　□継続雇用制度の導入

　　□希望者全員を対象

　　□経過措置に基づく労使協定により継続雇用の対象者を限定する基準を利用

　　　（注）高年齢者等の雇用の安定等に関する法律の一部を改正する法律（平成24年法律第78号）附則第３項に規定する経過措置に基づく継続雇用の対象者を限定する基準がある場合

（記入上の注意）

1.「2　第二種特定有期雇用労働者の特性に応じた雇用管理に関する措置の内容」は該当する措置の内容の□にチェックして下さい。

2.「3　その他」は、該当する□はすべてチェックしてください。

（添付書類）

1．「2　第二種特定有期雇用労働者の特性に応じた雇用管理に関する措置」を実施することが分かる資料（例：契約書の雛形、就業規則等）

2．高年齢者雇用確保措置を講じていることが分かる資料（就業規則等（経過措置に基づく継続雇用の対象者を限定する基準を設けている場合は、当該基準を定めた労使協定書（複数事業所を有する場合は本社分のみで可。）を含む。））

3．変更申請の場合は、認定されている計画の写し。

（出典：厚生労働省「高度専門職・継続雇用の高齢者に関する無期転換ルールの特例について」）

（織田康嗣）

第8章

非正規雇用への公正な待遇の確保

Q38　パート有期労働者の不合理な待遇の禁止

パート有期労働者の不合理な待遇の禁止（パート有期法８条・改正前労働契約法20条）とはどのようなものですか。

Answer

改正前労働契約法20条を取り込んだ短時間労働者及び有期雇用労働者の雇用管理の改善等に関する法律（以下、「パート有期法」という）８条では、パート有期労働者の不合理な待遇を禁止しています。事業主は、その雇用するパート有期労働者の基本給、賞与その他の待遇のそれぞれについて、当該待遇に対応する通常の労働者（以下、「正社員」という）の待遇との間において、当該パート有期労働者および正社員の業務の内容および当該業務に伴う責任の程度（以下、「職務の内容」という）、当該職務の内容および配置の変更の範囲その他の事情のうち、当該待遇の性質および当該待遇を行う目的に照らして適切と認められるものを考慮して、不合理と認められる相違を設けてはならない、とされています。ただし、労働条件の相違があれば直ちに不合理とされるものではなく、同法８条に列挙されている要素を考慮し、不合理な労働条件の相違と認められる場合が禁止されるものです。

解　説

1｜労働契約法の改正経緯

平成30年労働契約法改正の主要な点の一つが、改正前労働契約法20条の内容を取り込んだパート有期法８条によるパート有期労働者の不合理な待遇の禁止です（以下につき、岩出・大系117頁以下参照）。以下で詳述するように、判断要素・枠組みが、後述する（Q39参照）「短時間・有期雇用労働者及び派遣労働者に対する不合理な待遇の禁止等に関する指針」（平成30年２月28日厚労告430号。以下、「不合理指針」という）を踏まえてより具体的になっています。パート有期法８条により、事業主は、その雇用するパート有期労働者の「基本給、賞与その他の待遇のそれぞれについて、当該待遇に対応する通常の労働者」の「待遇との間において」、当該パート有期労働者および正社員「の業務の内容及び当該業務に伴う責任の程度（以下「職務の内容」という。)、当該職務の内容及び配置の変更の範囲その他の事情のうち、当該待遇の性質及び当該待遇を行う目的に照らして適切と認められるものを考慮して、不合理と認められる相違を設けてはならない」と定められています（従前は、改正前パート労働法（短時間労働者の雇用管理の改善等に関する法律）８条で「短時間労働者の待遇の原則」とされていたものです)。ただし、労働条件の相違があれば直ちに不合理とされるものではなく、パート有期法８条に列挙されている要素を考慮し、不合理な労働条件の相違と認められる場合が禁止されます。

なお、「通常の労働者」は、厳密には、正規型の労働者がいない場合は、当該業務に基幹的に従事するフルタイム労働者を示す場合もありますが（「短時間労働者の雇用管理の改善等に関する法律の一部を改正する法律の施行について」第１の２⑸イ（平成26年７月24日基発0724第２号))、圧倒的多数の企業において問題となるのは「無期雇用フルタイム労働者」たる正社員との比較であるため（「短時間労働者及び有期雇用労働者の雇用管理の改善等に関する法律の施行について」(平成31年１月30日基発0130第１号・職発0130第６号・雇均発0130第１号・開発0130第１号。以下、「パート有期基本通達」という）第１の２⑶参照)、ここでは、正社員と称します（岩出・大系118頁参照)。

2｜禁止対象の労働条件

パート有期法８条の禁止対象は、明示された「基本給、賞与」だけでなく、「その他の待遇」の中には、賃金や労働時間等の狭義の労働条件のみならず、労働契約の内容となっている災害補償、服務規律、休職制度、教育訓練、付随義務、福利厚生等労働者に対する一切の待遇が包含されます（不合理指針第３の４参照)。

すでに、改正前労働契約法20条をめぐる日本郵便（新東京局・雇止め）事件・東京地判平成29・９・11労判1180号56頁では、休職制度の有無が争われ、この事件では不合理でないとされましたが、大阪医科薬科大学（旧大阪医科大学）事件・大阪高判平成31・２・15労判1199号５頁では私傷病欠勤中の賃金１か月分・休職給２か月分が不合理な待遇差と認定されるなど、不合理の判断は事案ごとに異なることに留意してください。

3　ハマキョウレックス事件・長澤運輸事件最高裁判決との関係

改正前労働契約法20条に関するハマキョウレックス事件・最二小判平成30・６・１労判1179号20頁や長澤運輸事件・最二小判平成30・６・１労判1179号34頁（以下、両判決を一括して「6.1最判」ともいう）は、パート有期法８条の条文や平成28年12月20日に策定された「同一労働同一賃金ガイドライン案」(以下、「同一指針案」という。同案は不合理指針として確定しています）の趣旨・手法を取り込んでおり、実質的に、同法８条に関する最高裁判所の判断枠組みを示した重要判例と解されます。かかる認識の下で、6.1最判を踏まえて、以下、８条を分析・解説してみます。

なお、6.1最判では、従前の下級審の裁判例に沿い（日本郵便事件・大阪地判平成30・２・21労経速2338号３頁等)、改正前労働契約法20条における「『期間の定めがあることにより』とは、有期契約労働者と無期契約労働者との労働条件の相違が期間の定めの有無に関連して生じたものであることをいうものと解するのが相当である」と判示しました。しかし、パート有期法８条では、この要件自体が明文でなくなっていますので深入りしないこととします。

ただし、パート有期基本通達第３の３(2)では、「法第８条の不合理性の判断の対象となるのは、待遇の『相違』であり、この待遇の相違は、『短時間・有期雇用労働者であることに関連して生じた待遇の相違』であるが、法は短時間・有期雇用労働者について通常の労働者との均衡のとれた待遇の確保等を図ろうとするものであり、法第８条の不合理性の判断の対象となる待遇の相違は、『短時間・有期雇用労働者であることに関連して生じた』待遇の相違であることが自明であることから、その旨が条文上は明記されていないことに留意すること」とされています。

4　均衡処遇の原則

パート有期法８条は、職務の内容等の違いがあっても、「違いに応じた均衡のとれた処遇を求め」た規定です。6.1最判の判示を踏まえると、同条は、パート有期労働者については、無期労働契約の正社員と比較して「合理的な労働条件の決定が行われにくく、両者の労働条件の格差が問題となっていたこと等を踏まえ」、パート有期労働者の「公正な処遇を図るため、その労働条件につき、期間の定めがあることにより不合理なものとすることを禁止したもの」です。そして、同条は、パート有期労働者と正社員「との間で労働条件に相違があり得ることを前提に、職務の内容、当該職務の内容及び配置の変更の範囲その他の事情（以下「職務の内容等」という。）を考慮して、その相違が不合理と認められるものであってはならないとするものであり、職務の内容等の違いに応じた均衡のとれた処遇を求める規定である」ということになります。

そのため、企業が、パート有期法８条対策として、職務峻別対策をしても、均衡処遇を求められる根拠を完全には根絶しきれないということになり得ます。

5　法的効果

(1)　不合理な相違の無効と補充効の否定

パート有期法８条は、私法上の効力を有します。6.1最判の判示を踏まえると、「不合理と認められる相違を設けてはならない」と規定していることや（改正前の「不合理と認められるものであってはならない」との措辞の違いは、ここでの補充効の否定には影響しないものと解されます）、その趣旨がパート有期労働者の「公正な処遇を図ることにあること等に照らせば、同条の規定は私法上の効力を有するものと解するのが相当で」、パート「有期労働契約のうち同条に違反する労働条件の相違を設ける部分は無効となる」と解されます。

そこで、処遇の相違に不合理性が認められる場合には相違が無効となりますが、パート有期法８条には、正社員の就業規則等と同一の処遇をなすべき効果（補充効）を定める規定がなく、補充効はないと解されます。したがって、パート有期労働者と正社員との労働条件の相違が不合理であっても、同条の効力により当該パート有期労働者の労働条件が比較の対象である正社員の労働条件と同一のものとなるものではありません。6.1最判の判示を踏まえれば、パート有期法８条は、パート有期契約労働者について無期契約の正社員「との職務の内容等の違いに応じた均衡のとれた処遇を求める規定であり、文言上も、両者の労働条件の相違が同条に違反する場合に」、当該パート有期契約労働者の労働条件が比較の対象である正社員「の労働条件と同一のものとなる旨を定めていない」ことが理由とされます。

⑵　就業規則の別個独立化による就業規則の合理的解釈による補充の困難

正社員に適用される就業規則や給与規程と、パート有期労働者に適用されるパート有期労働者就業規則や給与規程とが、別個独立のものとして作成されている場合には、両者の労働条件の相違が同条に違反する場合に、正社員就業規則または正社員給与規程の定めがパート有期労働者契約社員に適用されることとなると解することは、就業規則の合理的な解釈としても困難である、とされやすくなっています（6.1最判）。従前から行われてきた（岩出・大系115～116頁参照）、正社員就業規則の合理的意思解釈（たとえば、芝電化事件・東京地判平成22・６・25労判1016号46頁では、正規従業員と同様の雇用実態にあった労働者が、退職金の支給がない「パートタイマー」であったとする会社の主張につき、「同項ただし書にいう『パートタイマー』とは、単に正規従業員（正社員）と格差のある待遇を受けている従業員一般を指すものではなく、飽くまで当該雇用契約上、当該企業において正規（フルタイム）の所定労働時間（日数）よりも少ない時間（日数）で働くことが予定された、本来的な意味におけるパートタイマー労働者をいうものと解するのが相当である」と判示し、会社が「雇用契約の締結に当たって、上記のような意味におけるパートタイマーとして……雇い入れたと認めるに足る的確な証拠は見当たらない」として、会社の主張を退けました）をすべて否定するものではないでしょうが、パート有期労働者用に規則や規程が別個独立のものとして作成されている場合には従前のような解釈は困難になったといえます（6.1最判後の九水運輸商事事件・福岡高判平成30・9・20労判1195号88頁でも同様の判断がなされています）。

⑶　地位確認の否定

上記⑴のとおり補充効が否定されているため、正社員の就業規則等と同一の処遇をなすべき地位確認や差額賃金請求は認められません。6.1最判の判示を踏まえれば、仮に賃金等に係る相違がパート有期法８条に違反するとしても、パート有期労働者の賃金等に関する労働条件が正社員の労働条件と同一のものとなるものではありませんから、パート有期労働者が、賃金等に関し、正社員と同一の権利を有する地位にあることの確認を求める確認請求は理由がなく、また、同一の権利を有する地位にあることを前提とする差額賃金請求も理由がない、とされることになります。

⑷　不法行為による差額賠償責任

Ⓐ　不法行為該当事由

不合理とされる処遇の相違を設けていた場合、設けていたことが不法行為とされ、差額相当額の損害賠償によって、処理されます（前掲ハマキョウレックス事件最判）。長澤運輸事件最判の判示によれば、「会社が、本件組合との団体交渉において、嘱託乗務員の労働条件の改善を求められていたという経緯に鑑みても、会社が、嘱託乗務員に精勤手当を支給しないという違法な取扱いをしたことについては、過失があった」とされ、改正前労働契約法20条違反としています。さらに、ハマキョウレックス（差戻審）事件・大阪高判平成30・12・21労経速2369号18頁は、労働契約法20条の施行時までに、同条の趣旨に合致するように、契約社員の諸手当に係る労働条件について、正社員の労働条件と均衡のとれたものになるよう取り組むべき注意義務違反を過失と断じています。

(B)　**差額請求の範囲**

しかし、パート有期法８条が均衡処遇の規定であれば、「職務の内容等の違いに応じた均衡のとれた処遇」で足りるはずで、差額の全額賠償に限らず、割合的認容もあり得ることとなります。

たとえば、日本郵便（時給制契約社員ら）事件・東京地判平成29・９・14労判1164号５頁では、民事訴訟法248条を援用して損害額の割合的認定の手法をとりましたが（しかし、同控訴事件・東京高判平成30・12・13労判1198号45頁は全額賠償としました）、パート有期法８条を均衡処遇の規定と理解した場合には、民事訴訟法の援用によらずとも、違いに応じて割合的認定とすることも可能だと考えられ、逆に差額の全額賠償は不均衡となる場合があり得ます（古くは、丸子警報器事件・長野地上田支判平成８・３・15労判690号32頁）。すでに、前掲学校法人大阪医科薬科大学（旧大阪医科大学）事件では、正職員の賞与額の約６割の支払いを命じ、東京メトロコマース事件・東京高判平成31・２・20労判1198号５頁では、退職金のうち、正社員の少なくとも25％は支払われるべきとしました。なお、日本郵便（非正規格差）事件・大阪高判平成31・１・24労判1197号５頁は、割合的認定をとらなかったのですが、不合理といえる対象者を勤続５年超過者に限定し、均衡を図っています。

6　不合理性の判断

(1)　不合理性の意義

パート有期法８条にいう「不合理と認められる相違」とは、パート有期労働者と正社員との労働条件の相違が不合理であると評価することができるものであることをいいます。6.1最判の判示を踏まえれば、パート有期法８条が「不合理と認められる相違を設けてはならない」と規定していることに照らせば、同条はあくまでも労働条件の相違が不合理と評価されるか否かを問題とするものと解することが文理に沿うものといえます。

逆にいえば、不合理とは合理的でないものと同義ではなく、合理的とはいえないが不合理ともいえないグレーゾーンを許容することを明示したことになるものと解されます。しかも、職務が違っても均衡を求めたうえで、不合理か否かの判断要素に、「労使間の交渉や使用者の経営判断を尊重すべき面があること」を認めています。ただし、この経営判断には、会社法の「経営判断の原則」で使われるものよりは縛りがあるようで、パート有期法８条により、「その他の事情のうち、当該待遇の性質及び当該待遇を行う目的に照らして適切と認められるものを考慮」するとして適切性という規範的な判断による歯止めがかかっています。

⑵　不合理性の主張立証責任

パート有期法８条にいう、パート有期労働者と正社員の労働条件の相違が不合理であるか否かの判断は規範的評価を伴うものですから、当該相違が不合理であるとの評価を基礎づける事実（評価根拠事実）については当該相違が同条に違反することを主張する者（非正規労働者）が、当該相違が不合理であるとの評価を妨げる事実（評価障害事実）については当該相違が同条に違反することを争う者（使用者）が、それぞれ主張立証責任を負います（前掲ハマキョウレックス事件最判でも、従前の前掲日本郵便事件等の裁判例を踏襲して同旨を判示しています）。

⑶　不合理性判断要素

(A)　職務内容および変更範囲以外の広範な「その他の事情」の考慮肯定

(a)　職務内容および変更範囲

不合理性判断要素として、パート有期法８条で「業務の内容及び当該業務に伴う責任の程度（以下「職務の内容」という。）、当該職務の内容及び配置の変更の範囲その他の事情」は明記されています。しかし、「その他の事情」につき、その内容を職務内容および変更範囲に関連する事情に限定すべきではないと解されています（前掲長澤運輸事件最判では、「労働者の賃金に関する労働条件は、労働者の職務内容及び変更範囲により一義的に定まるものではなく、使用者は、雇用及び人事に関する経営判断の観点から、労働者の職務内容及び変更範囲にとどまらない様々な事情を考慮して、労働者の賃金に関する労働条件を検討するもの」であることと、「労働者の賃金に関する労働条件の在り方については、基本的には、団体交渉等による労使自治に委ねられるべき部分が大きい」ことも理由にあげています)。

(b)　その他の事情としての定年後再雇用の要素

パート有期労働者が定年退職後に再雇用された者であることは、当該パート有期労働者と正社員との労働条件の相違が不合理と認められるものであるか否かの判断において、「その他の事情」として考慮されます（長澤運輸事件控訴審・東京高判平成28・11・2労判1144号16頁。前掲長澤運輸事件最判では、使用者が定年退職者を有期労働契約により再雇用する場合、当該者を長期間雇用することは通常予定されておらず、定年退職後に再雇用される有期契約労働者は、定年退職するまでの間、無期契約労働者として賃金の支給を受けてきた者であり、一定の要件を満たせば老齢厚生年金の支給を受けることも予定されていることなどの事情は、定年退職後に再雇用される有期契約労働者の賃金体系のあり方を検討するにあたって、その基礎になるとしています。ただし、後述Q39の不合理指針第3の1の注2は「定年に達した後に有期雇用労働者として継続雇用する場合の待遇について、様々な事情が総合的に考慮されて、通常の労働者と当該有期雇用労働者との間の待遇の相違が不合理と認められるか否かが判断される」とするにとどめていることに留意すべきです)。

(B)　個々の賃金項目等の趣旨を個別考慮した不合理性判断の枠組み

(a)　個々の賃金項目等の趣旨を個別考慮した不合理性判断の必要性

パート有期法8条に明記されたように、「基本給、賞与その他の待遇のそれぞれについて、……当該待遇の性質及び当該待遇を行う目的に照らして適切と認められるものを考慮して」、すなわち、個々の賃金項目の趣旨・必要性を個別考慮して、不合理性の存否判断がなされます。

そこで、「労働者の賃金が複数の賃金項目から構成されている場合、個々の賃金項目に係る賃金は、通常、賃金項目ごとに、その趣旨を異にするものである」ところから、パート有期労働者と正社員との賃金項目に係る労働条件の相違が不合理と認められるものであるか否かを判断するにあたっては、当該賃金項目の趣旨により、その考慮すべき事情や考慮の仕方も異なり得ます（前掲長澤運輸事件最判。前掲ハマキョウレックス事件最判はこの基準を明言しないものの、この理を前提に、個々の手当等の不合理性審査に入っています。おおむね、同一指針案に沿っています）。また、ある賃金項目の有無および内容が、他の賃金項目の有無および内容を踏まえて決定される場合もあり得ます（前掲長澤運輸事件最判では、皆勤手当の不支給の不合理性が割増賃金の差額の不合理性に関連づけられています）。6.1最判の個々の手当の不合理性判断においては、住宅手当、賞与、家族手当等については必ずしも説得力や整合性を備えておらず、同一指針案と乖離する判示もあり、今後の判例の集積を待たねばなりませんが、6.1最判もおおむね同一指針案を踏まえた判断をしているところからも、実務的な視点からは、今後の裁判例も同様な判断をする可能性があり得ることを想定し、不合理指針を踏まえた対応が労使に求められるでしょう。ただし、同指針第３の１の注１は、「通常の労働者と短時間・有期雇用労働者との間に基本給、賞与、各種手当等の賃金に相違がある場合において、その要因として通常の労働者と短時間・有期雇用労働者の賃金の決定基準・ルールの相違があるときは、『通常の労働者と短時間・有期雇用労働者との間で将来の役割期待が異なるため、賃金の決定基準・ルールが異なる』等の主観的又は抽象的な説明では足りず、賃金の決定基準・ルールの相違は、通常の労働者と短時間・有期雇用労働者の職務の内容、当該職務の内容及び配置の変更の範囲その他の事情のうち、当該待遇の性質及び当該待遇を行う目的に照らして適切と認められるものの客観的及び具体的な実態に照らして、不合理と認められるものであってはならない」としています。しかし、その具体的適用についてはあいまいで、今後の裁判例の集積を待つほかありません。たとえば、従前の判例・裁判例では不合理性が否定されてきた賞与につき、前掲学校法人大阪医科薬科大学（旧大阪医科大学）事件では、大学の正職員に支給される賞与は金額が年齢や成績に一切連動していないことから、一定期間働いたことへの対価の性質があり、賞与が全く支払われないことは不合理と判断しました。正職員には取得が認められている夏季休暇と病気休暇も「生活保障の必要性がある」などとして待遇差は不合理と認定するなど、全体を整合的には理解できない状態が続いています（裁判例の動向については、岩出誠「労働契約法20条を巡る判例・裁判例の概要」労務事情1389号（2019年）23頁以下参照）。

⒝　賃金総額の比較のみでなく、個々の賃金項目趣旨の個別考慮の必要性

パート有期契約労働者と正社員との個々の賃金項目に係る労働条件の相違が不合理と認められるものであるか否かを判断するにあたっては、両者の賃金の総額を比較することのみによるのではなく、当該賃金項目の趣旨を個別に考慮すべきものと解するのが相当であるとされています（前掲長澤運輸事件最判）。

しかし、この判示は、論理的には、逆に、総額の相違幅も不合理性判断の要素となることを前提としていることになります。その点、同事件での差額が２割程度であった点の影響の有無については慎重な検討を要します。学究社（定年後再雇用）事件・東京地立川支判平成30・１・29労判1176号５頁では３割程度の相違を、五島育英会事件・東京地判平成30・４・11労経速2355号３頁では定年退職時の水準の約６割への減額を、各々不合理とはいえないとしています。

⒞　不合理性判断比較対象労働者

パート有期法８条では、正社員との比較を求めていますが、その範囲は明確ではありません。

同一指針案では、「いわゆる『正社員』を含む無期雇用フルタイム労働者全体を念頭においている」、と指摘していましたが、確定した不合理指針では「通常の労働者」と記述するのみで、パート有期基本通達第Ⅰの２⑶の前述の定義によれば、「いわゆるフルタイムの正社員」と同じとなると解されます。なお、説明義務に関する「事業主が講ずべき短時間労働者及び有期雇用労働者の雇用管理の改善等に関する措置等についての指針」第３の２⑴（平成19年10月１日厚労告326号、改正平成26年７月24日厚労告293号、最終改正

平成30年12月28日厚労告429号）では、不合理指針よりは、説明すべき比較対象労働者が限定され、「職務の内容、職務の内容及び配置の変更の範囲等が、短時間・有期雇用労働者の職務の内容、職務の内容及び配置の変更の範囲等に最も近いと事業主が判断する通常の労働者」とされています（パート有期基本通達第３の10(6)）。この内容が、実務的には影響してくることが予想されます。

6.1最判では、比較対象労働者が主たる論点になっていなかったのですが、下級審の裁判例を踏まえると、職務内容および変更範囲を主要な要素として、地域・職種限定正社員との均衡が問題とされることが少なくありません（限定正社員と比較した前掲日本郵便（時給制契約社員ら）事件、前掲同控訴事件、前掲日本郵便事件、日本郵便事件・福岡高判平成30・５・24労経速2352号３頁等、全正社員と比較した東京メトロコマース事件・東京地判平成29・３・23労判1154号５頁、前掲同控訴事件・東京高判平成31・２・20、学校法人大阪医科薬科大学（旧大阪医科大学）事件・大阪地判平成30・１・24労判1175号５頁、前掲同控訴事件・大阪高判平成31・２・15等）。

なお、国会での政府答弁によれば（平成30年５月16日衆議院厚生労働委員会等）、非正規労働者は、自らの選択した、正規労働者の手当や基本給との違いを指摘して、均等、均衡に違反していることを主張することになります。したがって、正規労働者の賃金が複線化している企業では、正規労働者間の賃金のバランスがとれていないと、非正規労働者から、バランスを失した（他に比べて高額な）正規労働者と比較されることとなりかねません。なお、「有期から労働条件の変更なく無期に転換したフルタイム労働者は、新法の適用対象外にはなるが、条理上、有期の賃金引上げがあれば、こちらにも波及されるべきで、放置すれば、不法行為になるおそれあり」との考えも示されていますが、個別の諸事情によるところもあり、一般化は困難と思われ、裁判所がこの判断を受容するか否かはいまだ不明です。

なお、不合理性判断比較対象労働者の選定については、すでに、国会での政府答弁に近い判断を示す日本ビューホテル事件・東京地判平成30・11・21

労判1197号55頁も現れています。同判決では、比較対照すべき正社員について、「有期契約労働者と比較対照すべき無期契約労働者を限定しておらず……、不合理性の有無の判断においては、業務の内容及びこれに伴う責任の程度（職務の内容）、当該職務の内容及び配置の変更の範囲の異同のみならず差異の程度をも広く考慮し、その他の事情に特段の制限を設けず、諸事情を幅広く総合的に考慮して、労働条件の相違が当該企業の経営・人事制度上の施策として不合理なものと評価されるか否かを判断すべきことが予定されていることからすれば、不合理性の有無の判断に当たっては、まずは、Xが措定する、有期契約労働者と無期契約労働者とを比較対照することとし、Yが主張するような他の正社員の業務内容や賃金額等は、その他の事情として」、これらも含めて労働契約法20条所定の「考慮要素に係る諸事情を幅広く総合的に考慮し、当該労働条件の相違が当該企業の経営・人事制度上の施策として不合理なものと評価されるか否かを判断するのが相当である」と判示し、前掲メトロコマース事件も、比較対象とする無期契約労働者の範囲は、労働契約法20条に反し、相違が不合理であると主張する原告において特定すべきであり、裁判所はその主張に沿って判断すれば足り、本件においては、売店業務に従事している正社員となると判示しています。

（岩出　誠）

Q39 同一労働同一賃金ガイドライン

同一労働同一賃金ガイドライン（不合理性判断指針・パート有期労働者関係）（パート有期法15条関係）とはどのようなものですか。

Answer

改正前労働契約法20条を取り込んだ短時間労働者及び有期雇用労働者の雇用管理の改善等に関する法律（以下、「パート有期法」という）８条の不合理性判断の考え方を示し、行政的な立場からの雇用形態または就業形態にかかわらない公正な待遇を確保し、わが国がめざす同一労働同一賃金の実現に向け、同法18条の報告の徴収や助言、指導・勧告、同法19条の事業主に対する援助、同法22～26条の紛争解決の際の判断基準として、同法15条１項に基づき定められるのが、いわゆる同一労働同一賃金ガイドラインといわれる「短時間・有期雇用労働者及び派遣労働者に対する不合理な待遇の禁止等に関する指針」（平成30年２月28日厚労告430号。以下、「不合理指針」という）です。前述の行政上の指導・勧告・調停等の基準となるだけでなく、私法上も前述Q38・後述Q40のとおりパート有期法８条の不合理性判断基準や同法９条の均等性判断基準等として利用されることが期待されています。

解　説

1　趣　旨

(1)　趣　旨

不合理指針は、労働契約法８条および９条等に定める事項に関し、雇用形態または就業形態にかかわらない公正な待遇を確保し、わが国がめざす同一労働同一賃金を実現するべく定められたものです。わが国がめざす同一労働同一賃金は、同一の事業主に雇用される通常の労働者（正社員）とパート有期労働者との間の不合理と認められる待遇の相違および差別的取扱いの解消等をめざすものです。不合理指針は、通常の労働者（正社員）とパート有期労働者との間に待遇の相違が存在する場合に、いかなる待遇の相違が不合理と認められるものであり、いかなる待遇の相違が不合理と認められるものでないのか等の原則となる考え方および具体例を示したものです。事業主が、この原則となる考え方等に反した場合、当該待遇の相違が不合理と認められる可能性があります。なお、不合理指針に原則となる考え方が示されていない退職手当、住宅手当、家族手当等の待遇や、具体例に該当しない場合についても、不合理と認められる待遇の相違の解消等が求められます。このため、各事業主については、労使間で、個別具体の事情に応じて待遇の体系について議論していくことが望まれます（「短時間労働者及び有期雇用労働者の雇用管理の改善等に関する法律の施行について」第３の３⑼（平成31年１月30日基発0130第１号・職発0130第６号・雇均発0130第１号・開発0130第１号。以下、「パート有期基本通達」という）参照）。

⑵　裁判例と不合理指針との乖離

前述のとおり（Q38）、不合理指針と判例や裁判例とは一定の乖離があります。たとえば、定年後再雇用に係る長澤運輸事件・最二小判平成30・６・１労判1179号34頁においては、パート有期労働者が定年退職後に再雇用された者であることは、当該パート有期労働者と正社員との労働条件の相違が不合理と認められるものであるか否かの判断において、「その他の事情」として考慮されています。前掲長澤運輸事件最判では、使用者が定年退職者を有期労働契約により再雇用する場合、当該者を長期間雇用することは通常予定されておらず、定年退職後に再雇用される有期契約労働者は、定年退職するまでの間、無期契約労働者として賃金の支給を受けてきた者であり、一定の要件を満たせば老齢厚生年金の支給を受けることも予定されていることなどの事情は、定年退職後に再雇用される有期契約労働者の賃金体系のあり方を検討するにあたって、その基礎になるとしています。しかし、不合理指針第３の１の注２は「定年に達した後に有期雇用労働者として継続雇用する場合の待遇について、様々な事情が総合的に考慮されて、通常の労働者と当該有期雇用労働者との間の待遇の相違が不合理と認められるか否かが判断される」とするにとどめていることに留意すべきです。

つまり、裁判例では不合理性が否定されていても（たとえば、ヤマト運輸（賞与）事件・仙台地判平成29・3・30労判1158号18頁では、「マネージ社員に期待される役割、職務遂行能力の評価や教育訓練等を通じた人材の育成等による等級・役職への格付等を踏まえた転勤、職務内容の変更、昇進、人材登用の可能性といった人材活用の仕組みの有無に基づく相違」を不合理性否定の要素に認めています。井関松山ファクトリー事件・松山地判平成30・4・24労判1182号5頁も同旨）、不合理指針では不合理性が肯定され、行政指導等を受けることもあり得ます（不合理指針第3の1の注1では、「『通常の労働者と短時間・有期雇用労働者との間で将来の役割期待が異なるため、賃金の決定基準・ルールが異なる』等の主観的または抽象的な説明では足りず、賃金の決定基準・ルールの相違は、通常の労働者と短時間・有期雇用労働者の職務の内容、当該職務の内容及び配置の変更の範囲その他の事情のうち、当該待遇の性質及び当該待遇を行う目的に照らして適切と認められるものの客観的及び具体的な実態に照らして、不合理と認められるものであってはならない」とされており、裁判例の理解と乖離があります）。同時に、不合理指針では不合理性を否定されていても（たとえば、不合理指針第3の4の⑷病気休職につき、「（問題とならない例）A社においては、労働契約の期間が1年である有期雇用労働者であるXについて、病気休職の期間は労働契約の期間が終了する日までとしている」）、裁判所では不合理性が認められる場合があるということです（私傷病欠勤中の有給の支給期間の取扱いの相違につき不合理性を認めた大阪医科薬科大学（旧大阪医科大学）事件・大阪高判平成31・2・15労判1199号5頁等）。

すなわち、裁判所が、不合理指針どおりの判断を下すか否かは、今後の裁判例の集積をみなければわからない点があるということです。

2｜不合理指針の概要と不合理な処遇の排除の手順等

不合理指針の概要は、以下の厚生労働省ホームページ掲載の図解のとおりですが、具体的な不合理な処遇の排除の手順等については、厚生労働省ホームページ掲載の啓発用パンフレット、「パートタイム・有期雇用労働法対応のための取組手順書」や「不合理な待遇差解消のための点検・検討マニュアル（業界別マニュアル）」、「職務評価を用いた基本給の点検・検討マニュアル」等が参考となります。

「同一労働同一賃金ガイドライン」の概要①
（短時間・有期雇用労働者及び派遣労働者に対する不合理な待遇の禁止等に関する指針）

○　このガイドラインは、**正社員**（無期雇用フルタイム労働者）**と非正規雇用労働者**（パートタイム労働者・有期雇用労働者・派遣労働者）**との間で**、待遇差が存在する場合に、**いかなる待遇差が不合理なものであり、いかなる待遇差は不合理なものでないのか**、原則となる考え方と具体例を示したもの。

○　基本給、昇給、ボーナス（賞与）、各種手当といった賃金にとどまらず、教育訓練や福利厚生等についても記載。

○　このガイドラインに記載がない退職手当、住宅手当、家族手当等の待遇や、具体例に該当しない場合についても、不合理な待遇差の解消等が求められる。このため、**各社の労使により、個別具体の事情に応じて待遇の体系について議論していくことが望まれる。**

（詳しくはこちら）http://www.mhlw.go.jp/stf/seisakunitsuite/bunya/0000190591.html

不合理な待遇差の解消に当たり、次の点に留意。

- 正社員の待遇を不利益に変更する場合は、原則として労使の合意が必要であり、就業規則の変更により合意なく不利益に変更する場合であっても、その変更は合理的なものである必要がある。ただし、正社員と非正規雇用労働者との間の不合理な待遇差を解消するに当たり、基本的に、**労使の合意なく正社員の待遇を引き下げることは望ましい対応とはいえない。**
- 雇用管理区分が複数ある場合（例：総合職、地域限定正社員など）であっても、**すべての雇用管理区分に属する正社員との間で不合理な待遇差の解消が求められる。**
- 正社員と非正規雇用労働者との間で**職務の内容等を分離した場合であっても、正社員との間の不合理な待遇差の解消が求められる。**

ガイドラインの構造

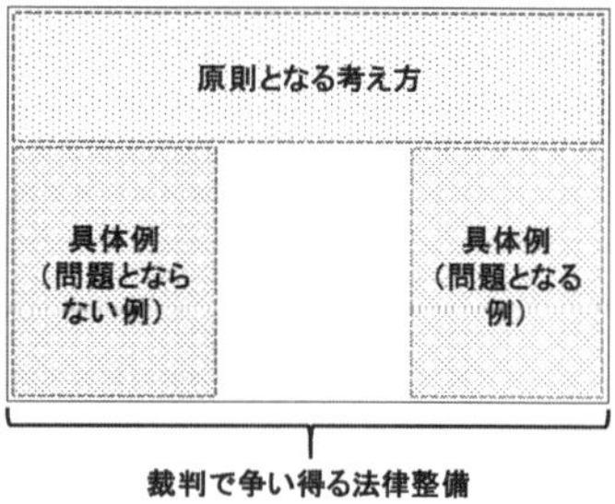

「同一労働同一賃金ガイドライン」の概要②
（短時間・有期雇用労働者及び派遣労働者に対する不合理な待遇の禁止等に関する指針）

パートタイム労働者・有期雇用労働者（1）

① 基本給

- **基本給**が、労働者の能力又は経験に応じて支払うもの、業績又は成果に応じて支払うもの、勤続年数に応じて支払うものなど、その**趣旨・性格が様々である現実を認めた上で、それぞれの趣旨・性格に照らして、実態に違いがなければ同一の、違いがあれば違いに応じた支給を行わなければならない。**
- **昇給**であって、労働者の勤続による能力の向上に応じて行うものについては、同一の能力の向上には同一の、違いがあれば違いに応じた昇給を行わなければならない。

② 賞与

- **ボーナス（賞与）**であって、会社の業績等への労働者の貢献に応じて支給するものについては、同一の貢献には同一の、違いがあれば違いに応じた支給を行わなければならない。

③ 各種手当

- **役職手当**であって、役職の内容に対して支給するものについては、同一の内容の役職には同一の、違いがあれば違いに応じた支給を行わなければならない。
- そのほか、業務の危険度又は作業環境に応じて支給される**特殊作業手当**、交替制勤務などに応じて支給される**特殊勤務手当**、業務の内容が同一の場合の**精皆勤手当**、正社員の所定労働時間を超えて同一の時間外労働を行った場合に支給される**時間外労働手当の割増率**、深夜・休日労働を行った場合に支給される**深夜・休日労働手当の割増率**、**通勤手当・出張旅費**、労働時間の途中に食事のための休憩時間がある際の**食事手当**、同一の支給要件を満たす場合の**単身赴任手当**、特定の地域で働く労働者に対する補償として支給する**地域手当**等については、同一の支給を行わなければならない。

＜正社員とパートタイム労働者・有期雇用労働者との間で賃金の決定基準・ルールの相違がある場合＞

- 正社員とパートタイム労働者・有期雇用労働者との間で賃金に相違がある場合において、その要因として賃金の決定基準・ルールの違いがあるときは、「正社員とパートタイム労働者・有期雇用労働者は**将来の役割期待が異なるため、賃金の決定基準・ルールが異なる」という主観的・抽象的説明ではなく**、賃金の決定基準・ルールの相違は、**職務内容、職務内容・配置の変更範囲、その他の事情の客観的・具体的な実態に照らして、不合理なものであってはならない。**

＜定年後に継続雇用された有期雇用労働者の取扱い＞

- **定年後に継続雇用された有期雇用労働者についても、パートタイム・有期雇用労働法が適用される。**有期雇用労働者が**定年後に継続雇用された者であることは、待遇差が不合理であるか否かの判断に当たり、その他の事情として考慮されうる。**様々な事情が総合的に考慮されて、待遇差が不合理であるか否かが判断される。したがって、**定年後に継続雇用された者であることのみをもって直ちに待遇差が不合理ではないと認められるものではない。**

「同一労働同一賃金ガイドライン」の概要③
（短時間・有期雇用労働者及び派遣労働者に対する不合理な待遇の禁止等に関する指針）

パートタイム労働者・有期雇用労働者（2）

④ 福利厚生・教育訓練

- 食堂、休憩室、更衣室といった**福利厚生施設**の利用、転勤の有無等の要件が同一の場合の転勤者用社宅、**慶弔休暇**、健康診断に伴う勤務免除・有給保障については、同一の利用・付与を行わなければならない。
- **病気休職**については、無期雇用の短時間労働者には正社員と同一の、有期雇用労働者にも労働契約が終了するまでの期間を踏まえて同一の付与を行わなければならない。
- **法定外の有給休暇その他の休暇**であって、勤続期間に応じて認めているものについては、同一の勤続期間であれば同一の付与を行わなければならない。特に有期労働契約を更新している場合には、当初の契約期間から通算して勤続期間を評価することを要する。
- **教育訓練**であって、現在の職務に必要な技能・知識を習得するために実施するものについては、同一の職務内容であれば同一の、違いがあれば違いに応じた実施を行わなければならない。

（出典：厚生労働省ホームページ）

3　パート有期労働者である派遣労働者についてのパート有期法８条と不合理指針

パート有期労働者である派遣労働者については、パート有期法および労働者派遣法の両方が適用されます（以下につきパート有期基本通達第３の３の⑽参照）。このため、基本的に、パート有期法において、派遣元事業主に雇用される通常の労働者との間の待遇の相違が問題になるとともに、労働者派遣法において、派遣先に雇用される通常の労働者との間の待遇の相違（協定対象派遣労働者（労働者派遣法30条の５に規定する協定対象派遣労働者をいう。以下同じ）にあっては（Q43参照）、労働者派遣法30条の４第１項の協定が同項に定められた要件を満たすものであることおよび当該協定に沿った運用がなされていることの有無をいう。以下同じ）が問題になります。このことから、パート有期労働者である派遣労働者の待遇については、職務の内容に密接に関連する待遇を除き、派遣労働者と派遣元事業主に雇用される通常の労働者、および派遣先に雇用される通常の労働者との間の待遇の相違が問題になると考えられます。一般に、不合理指針第３の３⑺および第４の３⑺の通勤手当および出張旅費、不合理指針第３の３⑻および第４の３⑻の食事手当、不合理指針第３の３⑼および第４の３⑼の単身赴任手当、不合理指針第３の４および第４の４並びに第５の２の福利厚生（不合理指針第３の４⑴および第４の４⑴並びに第５の２⑴の福利厚生施設を除く）については、職務の内容に密接に関連するものにあたらないと考えられます。他方で、職務の内容に密接に関連する待遇については、派遣労働者が派遣先の指揮命令の下において派遣先の業務に従事するという労働者派遣の性質から、特段の事情がない限り、派遣元事業主に雇用される通常の労働者との待遇の相違は、実質的に問題にならないと考えられます。職務の内容に密接に関連する待遇にあたるか否かは、個々の待遇の実態に応じて判断されるものですが、たとえば、不合理指針第３の１および第４の１の基本給、不合理指針第３の２および第４の２の賞与、不合理指針第３の３⑴および第４の３⑴の役職手当、不合理指針第３の３⑵および第４の３⑵の特殊作業手当、不合理指針第３の３⑷および第４の３⑷の精皆勤手当、不合理指針第３の３⑸および第４の３⑸の時間外労働手当、不合理指針第３の３⑹および第４の３⑹の深夜労働手当および休日労働手当、不合理指針第３の５⑴、第４の５⑴および第５の３⑴の教育訓練、不合理指針第３の５⑵、第４の５⑵および第５の３⑵の安全管理に関する措置および給付については、一般に、職務の内容に密接に関連するものと考えられます。

なお、これらの点については、協定対象派遣労働者であるか否かによって異なるものではないと考えられます。

ただし、職務の内容に密接に関連する待遇であっても、派遣先に雇用される通常の労働者との均等・均衡とは異なる観点から、パート有期労働者ではないフルタイム無期労働契約の派遣労働者が、パート有期労働者である派遣労働者よりも高い水準の待遇を受けている場合には、両者の待遇の相違について、パート有期法において問題となることがあると考えられます。

また、職務の内容に密接に関連する以外の待遇であっても、パート有期労働者である派遣労働者とパート有期労働者でない派遣労働者が異なる派遣先に派遣されている場合において、待遇を比較すべき派遣先に雇用される通常の労働者が異なることにより待遇に相違がある場合、当該待遇の相違は、パート有期法において問題になるものではありません。

（岩出　誠）

Q40 通常の労働者と同視すべきパート有期労働者に対する差別的取扱いの禁止

通常の労働者と同視すべきパート有期労働者に対する差別的取扱いの禁止（パート有期法9条）とはどのようなものですか。

Answer

パート有期労働者の職務の内容や職務の内容および配置の変更の範囲（人材活用のしくみ、運用等）といった就業の実態が正社員と同様であるにもかかわらず賃金などの取扱いが異なるなど、パート有期労働者の待遇は就業の実態に見合った公正なものとなっていない場合があります。そこで、短時間労働者及び有期雇用労働者の雇用管理の改善等に関する法律（以下、「パート有期法」という）９条により、就業の実態が正社員と同じパート有期労働者については、すべての待遇について正社員と同じ取扱いがなされるべきとして、そのような場合の差別的取扱いの禁止が規定されています。

解　説

1 「職務内容同一パート有期労働者」と「正社員と同視すべきパート有期労働者」

「事業主は、職務の内容が当該事業所に雇用される」正社員と同一のパート有期労働者（以下、「職務内容同一パート有期労働者」という）「であって、当該事業所における慣行その他の事情から見て、当該事業主との雇用関係が終了するまでの全期間において、その職務の内容及び配置が当該」正社員「の職務の内容及び配置の変更の範囲と同一の範囲で変更されることが見込まれるもの」（以下、「正社員と同視すべきパート有期労働者」という）に「ついては、」パート有期「労働者であることを理由として、基本給、賞与その他の待遇のそれぞれについて、差別的取扱いをしてはならない」と定められました（パート有期法９条。以下につき、岩出・大系123頁以下参照）。

これは、平成30年改正により、Q38のとおり、均衡処遇に関する改正前労働契約法20条のパート有期法８条への統合とともに、従前、均等待遇の規定がなかった有期労働者にも新たに均等待遇の定めを設け、差別禁止対象労働条件もパート有期法８条との整合性をもたせた改正がなされたものです（その他の改正点等の詳細は、「短時間労働者及び有期雇用労働者の雇用管理の改善等に関する法律の施行について」第３の４（平成31年１月30日基発0130第１号・職発0130第６号・雇均発0130第１号・開発0130第１号。以下、「パート有期基本通達」という）参照）。パート有期法９条の「職務内容同一パート有期労働者」にとどまる労働者に関しては同法８条での処理を前提としているものと解されます。

長澤運輸事件・最二小判平成30・６・１労判1179号34頁では、職務内容および変更範囲の同一性が認められているため、今後も同種の事案が現れた場合には、パート有期法９条の問題として処理される可能性があります。厚生労働省ホームページでのパート有期法９条の紹介でも、有期労働者について、正社員と「①職務内容、②職務内容・配置の変更範囲が同一である場合の均等待遇の確保を義務化」したとして、上記を前提とした趣旨を明言しています。しかし、パート有期法９条の適用には、「当該事業所における慣行その他の事情からみて、当該事業主との雇用関係が終了するまでの全期間において」という要件（その具体的内容については、パート有期基本通達第３の４(6)～(8)参照）が必要ですが、厚生労働省「パートタイム・有期雇用労働法対応のための取組手順書」等では、その点への検討がなされぬままに均等待遇が求められており、疑問が残ります。

〈参考〉パート有期基本通達第３の４　通常の労働者と同視すべき短時間・有期雇用労働者に対する差別的取扱いの禁止（法第９条関係）

(6)「当該事業所における慣行」とは、当該事業所において繰り返し行われることによって定着している人事異動等の態様を指すものであり、「その他の事情」とは、例えば人事規程等により明文化されたものや当該企業において、当該事業所以外に複数事業所がある場合の他の事業所における慣行等が含まれるものであること。なお、ここでいう「その他の事情」とは、職務の内容及び配置の変更の範囲（人材活用の仕組み、運用等）を判断するに当たって、当該事業所における「慣行」と同じと考えられるべきものを指すものであり、短時間・有期雇用労働者と通常の労働者の待遇の相違の不合理性を判断する考慮要素としての法第８条の「その他の事情」とは異なるものであること。

(7)「当該事業主との雇用関係が終了するまでの全期間」とは、当該短時間・有期雇用労働者が通常の労働者と職務の内容が同一となり、かつ、職務の内容及び配置の変更の範囲（人材活用の仕組み、運用等）が通常の労働者と同一となってから雇用関係が終了するまでの間であること。すなわち、事業主に雇い入れられた後、上記要件を満たすまでの間に通常の労働者と職務の内容が異なり、また、職務の内容及び配置の変更の範囲（人材活用の仕組み、運用等）が通常の労働者と異なっていた期間があっても、その期間まで「全期間」に含めるものではなく、同一となった時点から将来に向かって判断するものであること。

(8)「見込まれる」とは、将来の見込みも含めて判断されるものであること。したがって、有期雇用労働者の場合にあっては、労働契約が更新されることが未定の段階であっても、更新をした場合にはどのような扱いがされるかということを含めて判断されるものであること。

2　差別禁止対象

パート有期基本通達第３の４(9)によると、差別禁止は相当に徹底したものです。

たとえば、事業主はパート有期「労働者であることを理由として、賃金、教育訓練、福利厚生施設、休憩、休日、休暇、安全衛生、災害補償、解雇等のすべての待遇（労働時間及び労働契約の期間を除く）について差別的取扱いをしてはならない……。この場合、待遇の取扱いが同じであっても、個々の労働者について査定や業績評価等を行うに当たり、意欲、能力、経験、成果等を勘案することにより個々の労働者の賃金水準が異なることは」、正社員「であっても生じうることであって問題とはならないが、当然、当該査定や業績評価は客観的に行われるべきである」。「また、労働時間が短いことに比例した取扱いの差異として、査定や業績評価が同じである場合であっても賃金が時間に比例して少ないといった合理的な差異は許容される」。「なお、経営上の理由により解雇等の対象者の選定をする際」は、正社員と同視すべきパート有期労働者については、正社員「より先に解雇することは、解雇対象者の選定基準の設定において差別的取扱いがなされていることとなり、法第９条違反となる」などとされています。

3 差別禁止の私法的効果・性格

差別禁止の私法的効果について、改正前パート労働法（短時間労働者の雇用管理の改善等に関する法律）９条に関する裁判例においては、同条の「差別的取扱いの禁止」対象となっても、パート有期法８条と同様に補充効は認められず不法行為による損害賠償で処理されることとされており（ニヤクコーポレーション事件・大分地判平成25・12・10労判1090号44頁、京都市立浴場運営財団ほか事件・京都地判平成29・９・20労判1167号34頁（「旧パート法には、労働基準法13条のような補充的効果を定めた条文は見当たらず、旧パート法８条１項違反によって」、規程に基づく退職金請求権が直ちに発生するとは認めがたい。しかし、同違反は不法行為に該当し損害賠償請求をなし得る。嘱託職員の基本給は正規職員のそれより低く抑えられていたこと、財団の退職金が基本給に勤続年数に応じた係数をかけて機械的に算出されるものであることに鑑みれば、規程に基づき算出された退職金相当額が嘱託職員らの損害と認められる）と判示）、パート有期法９条についても同様の処理が予想されます。

有力学説も、「解雇、配転などの法律行為であれば無効となり、事実行為としては不法行為の違法性を備え、損害賠償責任を生じさせると解される」としながら、補充効を否定し、同旨を示しています（菅野・360頁等）。しかし、この場合でも、労働契約等の規定や労使慣行等の総合的解釈により（岩出・大系125頁参照)、当該差額請求等の内容が、契約内容として合理的意思解釈として導き得るか否かが検討され得ます（菅野・360頁もその余地は認めています)。

（岩出　誠）

Q41 派遣先労働者との不合理な待遇等の禁止（均衡待遇）

派遣先労働者との不合理な待遇等の禁止（均衡待遇。改正労働者派遣法30条の３第１項）とはどのようなものですか。

Answer

改正労働者派遣法30条の３第１項により、派遣元は、その雇用する派遣労働者の基本給、賞与その他の待遇のそれぞれについて、当該待遇に対応する派遣先に雇用される正社員の待遇との間において、①当該派遣労働者および正社員の職務の内容、②当該職務の内容および配置の変更の範囲、③その他の事情のうち、当該待遇の性質および当該待遇を行う目的に照らして適切と認められるものを考慮して、不合理と認められる相違を設けてはならない義務を負っています。

解　説

1 公正な待遇の確保

労働者派遣法の平成30年の改正により、下記のように、派遣労働者について、①派遣先の労働者との均等・均衡待遇、②一定の要件（同種業務の一般の労働者の平均的な賃金と同等以上の賃金であること等）を満たす労使協定による待遇のいずれかを確保することが義務化され、③労働者に対する待遇に関する説明義務の強化がなされました（施行は令和２年４月１日）。

（現在）

○ **派遣労働者と派遣先労働者の待遇差** ⇒ 配慮義務規定のみ

★ **派遣労働者の待遇差に関する規定の整備にあたっては、**
「派遣先均等・均衡方式」と「労使協定方式」の選択制になります。

<考え方>

- 派遣労働者の就業場所は派遣先であり、待遇に関する派遣労働者の納得感を考慮する上で、派遣先の労働者との均等・均衡は重要な観点です。
- しかし、派遣先の賃金水準と職務の難易度が常に整合的とは言えないため、結果として、派遣労働者の段階的・体系的なキャリアアップ支援と不整合な事態を招くこともあり得ます。
- こうした状況を踏まえ、以下の２つの方式の選択制とします。
  1）派遣先の労働者との均等・均衡待遇
  2）一定の要件を満たす労使協定による待遇

（改正後）

○ **下のいずれかを確保することを義務化します。**（2ページの表　**4**　）
　（1）派遣先の労働者との均等・均衡待遇
　（2）一定の要件を満たす労使協定による待遇
※ あわせて、派遣先になろうとする事業主に対し、派遣先労働者の待遇に関する派遣元への情報提供義務を新設します。

○ **派遣先事業主に、**派遣元事業主が上記⑴⑵を順守できるよう**派遣料金の額の配慮義務を創設。**

○ 均等・均衡待遇規定の解釈の明確化のため、**ガイドライン（指針）の策定根拠**を規定。（2ページの表　**5**　）

（出典：内閣府ホームページ）

2｜派遣先の派遣元に対する情報提供義務

従前派遣先指針（「派遣先が講ずべき措置に関する指針」平成11年労告138号）で努力義務とされていた情報提供につき、改正労働者派遣法には、派遣先が、新たに労働者派遣契約を締結するにあたって、あらかじめ、派遣元に対し、改正労働者派遣法施行規則で定めるところにより、当該労働者派遣に係る派遣労働者が従事する業務ごとに、比較対象労働者の賃金その他の待遇に関する情報その他の改正労働者派遣法施行規則で定める情報を提供すべきとの情報提供義務が新設されました（改正労働者派遣法26条７項、改正労働者派遣法施行規則24条の３、24条の４）。ここで、「比較対象労働者」とは、派遣元に「雇用される通常の労働者であって、その業務の内容及び当該業務に伴う責任の程度並びに当該職務の内容及び配置の変更の範囲が、当該労働者派遣に係る派遣労働者と同一であると見込まれるものその他の当該派遣労働者と待遇を比較すべき労働者として厚生労働省令で定めるもの」と定義づけられています（改正労働者派遣法26条８項、改正労働者派遣法施行規則24条の５）。

派遣先の情報提供義務が定められた趣旨は、派遣元が派遣労働者について派遣先の労働者との均等・均衡待遇を実現するには、派遣先の労働者の賃金等の待遇に関する情報が不可欠となるため、派遣先に対し、これらの情報の提供義務を課した点にあります。改正労働者派遣法は、派遣先に上記情報提供義務を課す一方で、情報提供義務の実効性確保のため、派遣元に対し、派遣先から情報提供がなされない場合には、派遣契約を締結してはならないと定めました（改正労働者派遣法26条９項）。さらに、派遣先は、提供された情報に変更があったときは、遅滞なく、労働省令で定めるところにより、派遣元事業主に対し、当該変更の内容に関する情報を提供しなければなりません（改正労働者派遣法26条10項、改正労働者派遣法施行規則24条の６）。改正法は、派遣先が情報提供義務に違反した場合、勧告・公表等の対象になるとしています（改正労働者派遣法49条の２第２項）。派遣先企業は、勧告・公表等のリスクを回避するためにも、派遣元に対し適切な情報を提供する必要があります。

なお、派遣先の派遣元に対する情報提供義務の実務的な詳細については、労働者派遣事業関係業務取扱要領（2020年４月１日施行版・厚生労働省職業安定局。以下、「改正要領」という）第６の２⑶を参照してください。

（資料）　派遣先から派遣元への比較対象労働者の待遇情報の提供

待遇決定方式が【派遣先均等・均衡方式】【労使協定方式】のいずれの場合も、派遣先は、労働者派遣契約を締結するに当たり、あらかじめ、派遣元事業主に対し、派遣労働者が従事する業務ごとに、比較対象労働者の賃金等の待遇に関する情報を提供しなければなりません。

派遣元事業主は、派遣先から情報提供がないときは、派遣先との間で労働者派遣契約を締結してはいけません。

比較対象労働者とは

派遣先が次の①～⑥の優先順位により「比較対象労働者」を選定します。

① 「職務の内容」と「職務の内容及び配置の変更の範囲」が同じ通常の労働者
② 「職務の内容」が同じ通常の労働者
③ 「業務の内容」又は「責任の程度」が同じ通常の労働者
④ 「職務の内容及び配置の変更の範囲」が同じ通常の労働者
⑤ ①～④に相当するパート・有期雇用労働者（短時間・有期雇用労働法等に基づき、派遣先の通常の労働者との間で均衡待遇が確保されていることが必要）
⑥ 派遣労働者と同一の職務に従事させるために新たに通常の労働者を雇い入れたと仮定した場合における当該労働者

提供する「待遇に関する情報」とは

【派遣先均等・均衡方式】の場合

派遣先は、次の①～⑤の情報を提供します。

① 比較対象労働者の職務の内容、職務の内容及び配置の変更の範囲並びに雇用形態
② 比較対象労働者を選定した理由
③ 比較対象労働者の待遇のそれぞれの内容（昇給、賞与その他の主な待遇がない場合には、その旨を含む。）
④ 比較対象労働者の待遇のそれぞれの性質及び当該待遇を行う目的
⑤ 比較対象労働者の待遇のそれぞれを決定するに当たって考慮した事項

【労使協定方式】の場合

派遣先は、次の①・②の情報を提供します。

① 派遣労働者と同種の業務に従事する派遣先の労働者に対して、業務の遂行に必要な能力を付与するために実施する教育訓練（法第40条第2項の教育訓練）
② 給食施設、休憩室、更衣室（法第40条第3項の福利厚生施設）

待遇情報の提供方法と保存

- 情報提供は、**書面の交付等（書面の交付、ファクシミリ、電子メール等）**により行わなければなりません。
- 派遣元事業主は書面等を、派遣先は当該書面等の写しを、**労働者派遣が終了した日から３年を経過する日まで保存**しなければなりません。

待遇情報の取扱いに関する留意点

派遣先から派遣元事業主に提供された情報の取扱いについては、次の事項に留意する必要があります。

① 当該情報のうち**個人情報に該当するもの**の保管及び使用
→ 派遣先の通常の労働者との**均等・均衡待遇の確保等の目的の範囲に限られる**こと。

② 当該情報のうち**個人情報に該当しないもの**の保管及び使用
→ 派遣先の通常の労働者との**均等・均衡待遇の確保等の目的の範囲に限定する等適切な対応が必要**であること。

③ 当該情報は、法第24条の４の秘密を守る義務の対象となること。

> 派遣元事業主及びその代理人、使用人その他の従業員は、正当な理由がある場合（本人の同意がある場合、他の法益との均衡上許される場合等）でなければ、その業務上取り扱ったことについて知り得た秘密を他に漏らしてはならないこととされています。（派遣元事業主等でなくなった後においても同様。）

<比較対象労働者の待遇情報が変更された場合>

派遣先は、比較対象労働者の待遇に関する情報に変更があった場合には、遅滞なく、派遣元事業主に対して、変更の内容に関する情報を提供しなければなりません。情報提供に関する手続や待遇情報の取扱いは、変更時も同様です。

ただし、次の場合には、変更があった場合でも、情報提供が不要です。

①　派遣されている派遣労働者が労使協定方式の対象者のみである場合

※　「派遣労働者と同種の業務に従事する派遣先の労働者に対して、業務の遂行に必要な能力を付与するために実施する教育訓練（法第40条第２項の教育訓練）」と「給食施設、休憩室、更衣室（法第40条第３項の福利厚生施設）」の情報提供は必要です。

※　なお、後に派遣先均等・均衡方式の対象者が含まれることとなったときは、遅滞なく情報提供することが必要です。

②　労働者派遣契約が終了する日前１週間以内の変更であって、変更を踏まえて派遣労働者の待遇を変更しなくても、派遣先均等・均衡方式の規定に違反しないものであり、かつ、労働者派遣契約で定めた変更の範囲を超えない場合

（出典：厚生労働省ホームページ）

3 不合理な待遇等の禁止（均衡待遇）

派遣元は、その雇用する派遣労働者の基本給、賞与その他の待遇のそれぞれについて、当該待遇に対応する派遣先に雇用される正社員の待遇との間において、①当該派遣労働者および正社員の職務の内容、②当該職務の内容および配置の変更の範囲、③その他の事情のうち、当該待遇の性質および当該待遇を行う目的に照らして適切と認められるものを考慮して、不合理と認められる相違を設けてはなりません（改正労働者派遣法30条の３第１項）。

前述Q38の短時間労働者及び有期雇用労働者の雇用管理の改善等に関する法律（以下、「パート有期法」という）８条の均衡待遇規定と同趣旨の定めですが、比較対象が、派遣先の通常の労働者（通常はフルタイム正社員。以下、「派遣先正社員」という）である点が異なります。本規定の留意点は、個別の待遇ごとに、派遣先正社員の①～③を検討するという判断手法が用いられる点にあります。すなわち、派遣元は、個別の待遇ごとに、派遣先正社員との間で当該派遣労働者の当該待遇が不合理といえないよう待遇決定を行わなければなりません。なお、パート有期労働者である派遣労働者と派遣元正社員との均衡の問題については、前述Q39の解説３を参照してください。

なお、不合理性の判断基準については、後述Q44の「短時間・有期雇用労働者及び派遣労働者に対する不合理な待遇の禁止等に関する指針」（平成30年２月28日厚労告430号。以下、「不合理指針」という）第４を参照する必要があります。

4 不合理な待遇等の禁止（均衡待遇）による待遇決定の流れ

派遣先からの上記２の情報提供を活用した、不合理な待遇等の禁止（均衡待遇）による派遣労働者の待遇決定の流れを図解すると、〔図表14〕のようになります。

〔図表14〕 不合理な待遇等の禁止（均衡待遇）による派遣労働者の待遇決定の流れ

【派遣先均等・均衡方式】派遣先の通常の労働者との均等・均衡待遇

「均等待遇」の内容	① 職務内容（※１）、②職務内容・配置の変更範囲が同じ場合には差別的取扱いを禁止
「均衡待遇」の内容	① 職務内容（※１）、②職務内容・配置の変更範囲、③その他の事情の相違を考慮して不合理な待遇差を禁止

※1 職務内容とは、「業務の内容」＋「責任の程度」をいいます。

▶均等・均衡待遇の原則となる考え方と具体例：派遣労働者と派遣先の通常の労働者との間に待遇の相違が存在する場合に、いかなる待遇の相違が不合理と認められるものであり、いかなる待遇の相違が不合理と認められるものでないのか等の原則となる考え方及び具体例を待遇ごとに示した「短時間・有期雇用労働者及び派遣労働者に対する不合理な待遇の禁止等に関する指針」（いわゆる同一労働同一賃金ガイドライン、P20～23参照）に基づく対応が必要です。

★　職務の内容等を勘案した賃金の決定＜努力義務＞

派遣元事業主は、派遣先に雇用される通常の労働者（無期雇用フルタイム）との均衡を考慮しつつ、その雇用する派遣労働者の職務の内容、職務の成果、意欲、能力又は経験その他の就業の実態に関する事項を勘案して賃金（※２）決定するように努めなければなりません。

（※２）職務の内容に密接に関連して支払われる賃金以外の賃金（例えば、通勤手当、家族手当、住宅手当、別居手当、子女教育手当）を除く。

（出典：厚生労働省ホームページ）

（岩出　誠）

Q42　派遣先労働者との差別的取扱いの禁止（均等待遇）

派遣先労働者との差別的取扱いの禁止（均等待遇。改正労働者派遣法30条の３第２項）とはどのようなものですか。

Answer

改正労働者派遣法30条の３第２項により、派遣元は、派遣先正社員と同一の職務内容に従事する派遣労働者であって、当該労働者派遣契約および当該派遣先における慣行その他の事情からみて、当該派遣先における派遣就業が終了するまでの全期間において、その職務の内容および配置が当該派遣先との雇用関係が終了するまでの全期間における当該正社員の職務の内容および配置の変更の範囲と同一の範囲で変更されることが見込まれるものについては、正当な理由なく、基本給、賞与その他の待遇のそれぞれについて、当該待遇に対応する当該正社員の待遇に比して不利なものとしてはならない、とされています。

解　説

1｜差別的取扱いの禁止（均等待遇）の趣旨

改正労働者派遣法30条の３第２項により、派遣元は、職務の内容が派遣先正社員と同一の派遣労働者であって、当該労働者派遣契約および当該派遣先における慣行その他の事情からみて、当該派遣先における派遣就業が終了するまでの全期間において、その職務の内容および配置が当該派遣先との雇用関係が終了するまでの全期間における当該正社員の職務の内容および配置の変更の範囲と同一の範囲で変更されることが見込まれるものについては、正当な理由なく、基本給、賞与その他の待遇のそれぞれについて、当該待遇に対応する当該正社員の待遇に比して不利なものとしてはなりません。

2　改正経緯と実効性

改正労働者派遣法30条の３第２項は、短時間労働者及び有期雇用労働者の雇用管理の改善等に関する法律（以下、「パート有期法」という）９条の差別禁止（均等待遇）規定と同趣旨の規定です。改正労働者派遣法30条の３第２項は、ある派遣労働者が、派遣先に派遣される期間中、派遣先正社員と職務内容や配置等が同一と見込まれる場合に、賃金等を不利なものにしてはならないという規定です。派遣元としては、前述Q41の解説２で解説したように、派遣先から提供される情報を十分に検討し、当該派遣労働者の業務内容や配置の変更の範囲が派遣先正社員と同様か否かを検討したうえで、仮に業務内容等が派遣先正社員と同様と見込まれた場合には、当該派遣労働者の賃金等が派遣先正社員のものを下回ることのないように定めなければなりません。実際には、派遣労働者には、派遣先でのキャリアアップや昇進等は想定できず、「当該労働者派遣契約及び当該派遣先における慣行その他の事情からみて、当該派遣先における派遣就業が終了するまでの全期間において、その職務の内容及び配置が当該派遣先との雇用関係が終了するまでの全期間における当該正社員の職務の内容及び配置の変更の範囲と同一の範囲で変更されることが見込まれる」との要件に照らし、適用対象者の存否等の点で実効性には疑問が残ります。

ともあれ、上記要件を充足する限り、派遣元は、その雇用する派遣労働者の基本給、賞与その他の待遇のそれぞれについて、当該待遇に対応する派遣先に雇用される正社員の待遇との間において、①当該派遣労働者および正社員の職務の内容、②当該職務の内容および配置の変更の範囲、③その他の事情のうち、当該待遇の性質および当該待遇を行う目的に照らして適切と認められるものを考慮して、不合理と認められる相違を設けてはならない義務を負っています。

なお、不合理性の判断基準については、後述Q44の「短時間・有期雇用労働者及び派遣労働者に対する不合理な待遇の禁止等に関する指針」第４（平成30年２月28日厚労告430号）を参照する必要があります。

また、派遣先からの上記２の情報提供を活用した、均等待遇による派遣労働者の待遇決定の流れについては、前述Q41の解説４を参照してください。

また、実務的な詳細については、労働者派遣事業関係業務取扱要領（2020年４月１日施行版・厚生労働省職業安定局）第７の４「派遣先の通常の労働者との均等・均衡待遇の確保のための措置」の(6)を参照してください。

（岩出　誠）

Q43 労使協定による均衡待遇・均等待遇原則の適用除外

労使協定による均衡待遇・均等待遇原則の適用除外（改正労働者派遣法30条の４第１項）とはどのようなものですか。

Answer

派遣元が、改正労働者派遣法施行規則で定めるところにより、労働者の過半数で組織する労働組合がある場合においてはその労働組合、労働者の過半数で組織する労働組合がない場合においては労働者の過半数を代表する者との書面による協定に基づき、協定対象派遣労働者の賃金の決定の方法等の事項等の一定水準を満たす派遣労働者の待遇決定を行うことを定めたときは、派遣元は、協定対象派遣労働者については、前述Q41・Q42で解説した均等・均衡待遇の規定が適用除外になるというものです（改正労働者派遣法30条の４第１項）。

解　説

1 概　要

派遣元が、改正労働者派遣法施行規則で定めるところにより、労働者の過半数で組織する労働組合がある場合においてはその労働組合、労働者の過半数で組織する労働組合がない場合においては労働者の過半数を代表する者との書面による協定により、その雇用する派遣労働者の待遇について、協定対象派遣労働者の賃金の決定の方法等の事項等の一定水準を満たす派遣労働者の待遇決定を行うことを定めたときは、協定対象派遣労働者については、前述Q41・Q42で解説した均等・均衡待遇の規定が適用除外となります（改正労働者派遣法30条の４第１項）。

2 労使協定による代替策を設けた趣旨

前述Q41およびQ42でみてきたとおり、改正労働者派遣法は、派遣元に対し派遣先の労働者との均衡・均等待遇を義務づけています。しかし、常に派遣先の労働者との均等・均衡を考慮し派遣労働者の待遇等を決定すると、派遣先が変わるごとに賃金水準が変わり、派遣労働者の所得が不安定になるという問題が生じます。また、一般に賃金水準は大企業であるほど高いことから、派遣労働者の希望が大企業へ集中し、派遣元において派遣労働者のキャリア形成を考慮した派遣先への配置を困難にする等の問題が生じ得ます。そこで、労使協定による代替策を設けたのが改正労働者派遣法30条の４第１項です。厚生労働省の担当官の説明でも、実務的には、派遣元から派遣先への情報提供の煩雑さや営業的配慮もあり派遣元が情報提供を求めがたく、提供される情報の範囲も狭いことから、この労使協定の利用が主流になることが想定されていました。

しかし、後述の派遣協定通達に示される労使協定事項としての改正労働者派遣法30条の４第１項２号イに定める「同種の業務に従事する一般の労働者の平均的な賃金の額」等がかなり派遣元の負担となっており、均等・均衡待遇の規定を回避するだけでなく、労使協定の利用をも回避すべく、派遣から業務請負や業務委託への移行を模索する動きも出ています。

3 労使協定手続上の必要事項

労使協定手続上の必要事項を図解すると〔図表15〕のようになります（改正労働者派遣法施行規則25条の６、25条の11、25条の12参照）。

〔図表15〕　労使協定手続上の必要事項

過半数代表者の選出等

過半数代表者は、次の①と②のいずれにも該当する者（①に該当する者がいないときは②に該当する者）となります。

適切な手続きを経て選出された過半数代表者と締結された労使協定でなければ、【労使協定方式】は適用されず、【派遣先均等・均衡方式】が適用されます。

① 労働基準法第41条第２号に規定する管理監督者でないこと
② 労使協定を締結する者を選出することを明らかにして実施される投票、挙手等の民主的な方法による手続により選出された者であって、派遣元事業主の意向に基づき選出されたものでないこと

派遣元事業主は、「過半数代表者であること」、「過半数代表者になろうとしたこと」及び「過半数代表者として正当な行為をしたこと」を理由として、過半数代表者等に対して不利益な取扱いをしてはいけません。

また、派遣元事業主は、過半数代表者が協定に関する事務を円滑に遂行できるよう必要な配慮を行わなければなりません。

労使協定に関する書面の保存

派遣元事業主は、労使協定に係る書面を、その有効期間が終了した日から３年を経過する日まで保存しなければなりません。

労使協定の内容の周知

派遣元事業主は、労使協定を締結したときは、次の①～③のいずれかの方法により、その内容を雇用する労働者に周知しなければなりません。

① 書面の交付等（書面の交付、労働者が希望した場合のファクシミリ・電子メール等（※1））
(※1)「電子メール等」は出力することにより書面を作成することができるものに限られます。

② 電子計算機に備えられたファイル、磁気ディスクその他これらに準ずる物に記録し、かつ、労働者が当該記録の内容を常時確認できるようにすること（※2）
（※2）例えば、派遣労働者にログイン・パスワードを発行し、イントラネット等で常時確認できる方法が考えられます。

③ 常時派遣元事業主の各事業所の見やすい場所に掲示し、又は備え付けること（協定の概要について、書面の交付等によりあわせて周知する場合に限る。）

（出典：厚生労働省ホームページ）

4 労使協定事項

⑴ 概　要

労使協定事項については〔図表16〕の事項を定めることが義務づけられています（改正労働者派遣法施行規則25条の7～25条の10参照）。なお、労使協定方式を採用する際には、Q44の「短時間・有期雇用労働者及び派遣労働者に対する不合理な待遇の禁止等に関する指針」第5（平成30年2月28日厚労告430号。以下、「不合理指針」という）を参照する必要があります。

協定事項を図解すると〔図表16〕のようになります。

〔図表16〕 労使協定事項

労使協定に定める事項

労使協定の締結にあたっては、下の①～⑥のすべての事項を定める必要があります。

① 労使協定の対象となる派遣労働者の範囲

客観的な基準により範囲を定めることが必要です。
「賃金水準が高い企業に派遣する労働者」とすることは適当ではありません。

② 賃金の決定方法（次のア及びイに該当するものに限る。）

ア 派遣労働者が従事する業務と同種の業務に従事する一般労働者の平均的な賃金の額と同等以上の賃金額となるもの

派遣先の事業所その他派遣就業の場所の所在地を含む地域において派遣労働者が従事する業務と同種の業務に従事する一般の労働者であって、当該派遣労働者と同程度の能力及び経験を有する者の平均的な賃金の額
【職種ごとの賃金、能力・経験、地域別の賃金差をもとに決定】
（※）職種ごとの賃金等については、毎年6～7月に通知で示す予定です。

イ 派遣労働者の職務の内容、成果、意欲、能力又は経験等の向上があった場合に賃金が改善されるもの

※ イについては、職務の内容に密接に関連して支払われる賃金以外の賃金(例えば、通勤手当、家族手当、住宅手当、別居手当、子女教育手当)を除く。

③ 派遣労働者の職務の内容、成果、意欲、能力又は経験等を公正に評価して賃金を決定すること

④ 「労使協定の対象とならない待遇（法第40条第2項の教育訓練及び法第40条第3項の福利厚生施設）及び賃金」を除く待遇の決定方法（派遣元事業主に雇用され

る通常の労働者(派遣労働者を除く。)との間で不合理な相違がないものに限る。)

⑤　派遣労働者に対して段階的・計画的な教育訓練を実施すること

⑥　その他の事項
- 有効期間（2年以内が望ましい）
- 労使協定の対象となる派遣労働者の範囲を派遣労働者の一部に限定する場合は、その理由
- 特段の事情がない限り、一の労働契約の期間中に派遣先の変更を理由として、協定の対象となる派遣労働者であるか否かを変えようとしないこと

上記②～⑤として労使協定に定めた事項を遵守していない場合は、
【労使協定方式】は適用されず、【派遣先均等・均衡方式】となります。

行政機関への報告

労使協定を締結した派遣元事業主は、毎年度、6月30日までに提出する**事業報告書に労使協定を添付**しなければなりません。また、労使協定方式の対象となる派遣労働者の**職種ごとの人数**、**職種ごとの賃金額の平均額**を報告しなければなりません。

協定対象派遣労働者に対する安全管理

安全管理に関する措置及び給付のうち、**協定対象派遣労働者の職務の内容に密接に関連するもの**については、**派遣先に雇用される通常の労働者との間で不合理と認められる相違等が生じないようにすることが望ましい**こととされています。

（出典：厚生労働省ホームページ）

(2)　労使協定事項としての改正労働者派遣法30条の４第１項２号イに定める「同種の業務に従事する一般の労働者の平均的な賃金の額」等

改正労働者派遣法30条の４第１項２号イに定める労使協定事項である「同種の業務に従事する一般の労働者の平均的な賃金の額」等については、改正労働者派遣法施行規則25条の９で「派遣先の事業所その他派遣就業の場所の所在地を含む地域において、派遣労働者が従事する業務と同種の業務に従事する一般の労働者であって、当該派遣労働者と同程度の能力及び経験を有する者の平均的な賃金の額とする」とされていましたが、その詳細な内容が、「令和２年度の『労働者派遣事業の適正な運営の確保及び派遣労働者の保護

等に関する法律第30条の４第１項第２号イに定める「同種の業務に従事する一般の労働者の平均的な賃金の額」』等について」令和元年７月８日職発0708第２号（以下、「派遣協定通達」という）によって明らかになりました。その内容は、以下の紹介からもわかるように、派遣元が順守するには厳しい内容で、弱小派遣元の一部には、前述のようにQ43の解説２、Q41の解説３、４の均等・均衡待遇方式選択の検討や、派遣から業務請負や業務委託への移行を模索する動きもみられます。

第１　基本的な考え方

１　労使協定に定める賃金の決定の方法

派遣元事業主は、派遣労働者の待遇について、法第30条の３の規定に基づき、派遣先に雇用される通常の労働者との間の均等・均衡待遇を確保しなければならないが、法第30条の４第１項の規定に基づき、労働者の過半数で組織する労働組合又は労働者の過半数を代表する者との間で同項の書面による協定（以下単に「労使協定」という。）を締結し、一定の事項を定めた場合には、労使協定に基づく待遇（法第40条第２項の教育訓練及び同条第３項の福利厚生施設を除く。）を確保することとされている。

労使協定に定める事項については、法第30条の４第１項各号に掲げられているが、同項第２号の規定に基づき、労使協定には、協定対象派遣労働者（同項の協定で定めるところによる待遇とされる派遣労働者をいう。以下同じ。）の賃金の決定の方法を定めなければならない。当該方法については、同項第２号イ及びロに基づき、２及び３に定める要件を満たすものでなければならない。

なお、労使協定に定めた協定対象派遣労働者の賃金の決定の方法に基づき、協定対象派遣労働者に対して賃金が支払われていない場合には、労使協定に定めた事項を遵守していないものとして、法第30条の３の規定に基づき、派遣先に雇用される通常の労働者との間の均等・均衡待遇を確保しなければならないことに留意すること。

（中略）

第２　一般賃金の取扱い

一般賃金については、「基本給・賞与・手当等」、「通勤手当」、「退職金」ごとに、以下の１から３までのとおりとする。

（中略）

１　基本給・賞与・手当等

⑴　一般賃金のうち基本給・賞与・手当等（以下「一般基本給・賞与等」という。）の考え方

（中略）

②　能力・経験調整指数

「能力・経験調整指数」とは、能力及び経験の代理指標として、賃金構造基本統計調査の特別集計により算出した勤続年数別の所定内給与（産業計）に賞与を加味した額により算出した指数である。具体的には、「勤続０年」を100として算出したものであり、次の表のとおりとなる。

０年	１年	２年	３年	５年	10年	20年
100.0	116.0	126.9	131.9	138.8	163.5	204.0

（中略）

第３　協定対象派遣労働者の賃金の取扱い

第２の一般賃金の額と同等以上の額を確保する必要がある協定対象派遣労働者の賃金については、「基本給・賞与・手当等」、「通勤手当」、「退職金」ごとに、以下の１から３までのとおりとし、これらの賃金の全部又は一部を合算して「同等以上」を確保する場合の取扱いは、４のとおりとする。

（中略）

３　退職金

⑴　退職手当制度で比較する場合

協定対象派遣労働者を対象とする退職手当制度をいい、第２の３の⑴のとおり設定した一般の労働者の退職手当制度と同等以上の水準となるものでなければならない。この「協定対象派遣労働者を対象とする退職手当制度」については、「全ての協定対象派遣労働者に適用されるものであること」、「退職手当の決定、計算及び支払の方法（例えば、勤続年数、退職事由等の退職手当額の決定のための要素、退職手当額の算定方法及び一時金で支払うのか年金で支払うのか等の支払の方法をいう。）」及び「退職手当の支払の時期」が明確なものでなければならない。この「同等以上の水準」とは、第２の３の⑴のとおり設定した一般退職金の勤続年数別の支給月数又は支給金額と同水

準以上であることをいう。

（中略）

第５　本通知に示す統計以外の統計の利用

一般基本給・賞与等、一般通勤手当及び一般退職金については、次の１から３までのとおり、本通知に示す統計以外の統計（以下「独自統計等」という。）を用いることを可能とする。なお、独自統計等を用いる場合には、その理由を労使協定に記載すること。

（以下略）

5　労使協定方式による待遇決定の流れ

労使協定方式による派遣労働者の待遇決定の流れを図解すると、〔図表17〕のようになります。

詳細な導入手順については、厚生労働省ホームページ掲載の「不合理な待遇差解消のための点検・検討マニュアル（業界別マニュアル）」の「労働者派遣業界編」を参照してください。

〔図表17〕　労使協定方式による待遇決定の流れ

【労使協定方式】一定の要件を満たす労使協定による待遇

過半数労働組合又は過半数代表者（過半数労働組合がない場合に限ります）と派遣元事業主との間で一定の事項を定めた労使協定を書面で締結し、労使協定で定めた事項を遵守しているときは、一部の待遇を除き（※）、この労使協定に基づき待遇が決定されることとなります。

ただし、労使協定が適切な内容で定められていない場合や労使協定で定めた事項を遵守していない場合には、【労使協定方式】は適用されず、【派遣先均等・均衡方式】が適用されます。

（※）次の①及び②の待遇については、労使協定方式による場合であっても、労使協定の対象とはならないため、派遣元事業主は、派遣先の通常の労働者との均等・均衡を確保する必要があります。

① 派遣先が、派遣労働者と同種の業務に従事する派遣先の労働者に対して、業務の遂行に必要な能力を付与するために実施する教育訓練（法第40条第２項の教育訓練）

② 派遣先が、派遣先の労働者に対して利用の機会を与える給食施設、休憩室及び更衣室（法第40条第３項の福利厚生施設）

（出典：厚生労働省ホームページ）

6｜労使協定事項を利用する場合の留意点

労使協定を用いた待遇決定については、派遣元は、運用に際し、次の点に留意をする必要があります。まず、前記〔図表16〕協定事項②、④、⑤で定めた事項を順守しなかった場合、または、③に定める公正な評価を行わなかった場合には、適用除外の効果が認められません（改正労働者派遣法30条の４第１項ただし書）。次に、労使協定については、適用対象の労働者に周知する必要があります（同条２項）。そして、派遣元は派遣先に対して、派遣労働者がこの協定の対象者か否かを通知する必要があり（同法35条１項２号）、協定の対象者か否かについては、派遣元は派遣元管理台帳に、派遣先は、派遣先管理台帳にそれぞれ記載しなければなりません（同法37条、42条）。

また、実務的な詳細については、労働者派遣事業関係業務取扱要領（2020年４月１日施行版・厚生労働省職業安定局）第７の５「一定の要件を満たす労使協定による待遇の確保のための措置」を参照してください。

（岩出　誠）

Q44 同一労働同一賃金ガイドライン（不合理性判断指針・派遣労働者関係）

同一労働同一賃金ガイドライン（不合理性判断指針・派遣労働者関係。改正労働者派遣法47条の11）とはどのようなものですか。

Answer

改正労働者派遣法では、①派遣先の労働者との均等・均衡待遇方式、②一定の要件（同種業務の一般の労働者の平均的な賃金と同等以上の賃金であること等）を満たす労使協定方式のいずれかにより公正な待遇を確保することとしていますが、そのためになすべき留意点と、行政的な立場から、同一労働同一賃金の実現に向け、同法48条の指導・助言、49条の改善命令、49条の２の企業名公表、47条の４～47条の８の紛争解決の際の判断基準を示すべく、同法47条の11に基づき定められたのが、同一労働同一賃金ガイドラインといわれる「短時間・有期雇用労働者及び派遣労働者に対する不合理な待遇の禁止等に関する指針」（平成30年２月28日厚労告430号（以下、「不合理指針」という））第４・第５です。前述の行政上の指導・勧告・調停等の基準となるだけでなく、私法上も前述Q38・Q41で触れた改正労働者派遣法30条の３第１項の不合理性判断基準や同条２項の均等性判断基準、30条の４第１項の労使協定方式の有効性判断基準として利用されることが期待されています。

解　説

1　不合理指針第４・第５の意義

いわゆる同一労働同一賃金ガイドラインといわれる「不合理指針」第４・第５は、労働者派遣法による公正な待遇の確保に向け、①派遣先の労働者との均等・均衡待遇方式（Q41・Q42参照）、②一定の要件（同種業務の一般の労働者の平均的な賃金と同等以上の賃金であること等）を満たす労使協定方式

（Q43参照）による待遇のいずれかにより確保するためになすべき留意点を示し、行政的な立場から、同一労働同一賃金の実現に向け、同法48条の指導・助言、49条の改善命令、49条の２の企業名公表、47条の４～47条の８の紛争解決の際の判断基準として、47条の11に基づき定められたものです。前述の行政上の指導・勧告・調停等の基準となるだけでなく、私法上も前述のQ38・Q41で触れた改正労働者派遣法30条の３第１項の不合理性判断基準や同条２項の均等性判断基準、30条の４第１項の労使協定方式の有効性判断基準として利用されることが期待されています。

2 不合理指針「第４　派遣労働者」

⑴　概　要

労働者派遣法30条の３第１項において、派遣元事業主は、派遣労働者の待遇のそれぞれについて、当該待遇に対応する派遣先正社員の待遇との間において、職務の内容、当該職務の内容および配置の変更の範囲その他の事情のうち、当該待遇の性質および当該待遇を行う目的に照らして適切と認められるものを考慮して、不合理と認められる相違を設けてはならないこととされています。また、同条２項において、派遣元事業主は、職務の内容が派遣先正社員と同一の派遣労働者であって、当該労働者派遣契約および当該派遣先における慣行その他の事情からみて、当該派遣先における派遣就業が終了するまでの全期間において、その職務の内容および配置が当該派遣先との雇用関係が終了するまでの全期間における当該通常の労働者の職務の内容および配置の変更の範囲と同一の範囲で変更されることが見込まれるものについては、正当な理由がなく、待遇のそれぞれについて、当該待遇に対応する当該通常の労働者の待遇に比して不利なものとしてはならないこととされています。不合理指針第４は、派遣労働者（労使協定対象派遣労働者を除く）の待遇に関して、原則となる考え方および具体例を示しています。

⑵　裁判例と不合理指針との乖離の可能性

前述のとおり（Q38参照）、不合理指針と改正前労働契約法20条をめぐる判例や裁判例とは一定の乖離があります。いまだ、派遣労働者をめぐる均衡処遇や均等待遇をめぐる裁判例は現れていませんが、同様の現象は、派遣労働者に関しても起こり得ます。

つまり、前述Q39の解説１⑵で言及したように、今後、裁判所では不合理性が否定されても、不合理指針では不合理性が肯定され、行政指導等を受けることもあり得ます（不合理指針第４の１の注では、「派遣先に雇用される通常の労働者と派遣労働者との間に賃金の決定基準・ルールの相違がある場合の取扱い」として「派遣先に雇用される通常の労働者と派遣労働者の間に基本給、賞与、各種手当等の賃金に相違がある場合において、その要因として当該通常の労働者と派遣労働者の賃金の決定基準・ルールの相違があるときは、『派遣労働者に対する派遣元事業主の将来の役割期待は派遣先に雇用される通常の労働者に対する派遣先の将来の役割期待と異なるため、賃金の決定基準・ルールが異なる』等の主観的又は抽象的な説明では足りず、賃金の決定基準・ルールの相違は、当該通常の労働者と派遣労働者の職務の内容、当該職務の内容及び配置の変更の範囲その他の事情のうち、当該待遇の性質及び当該待遇を行う目的に照らして適切と認められるものの客観的及び具体的な実態に照らして、不合理と認められるものであってはならない」とされており、裁判例の理解と乖離があり得ます）。同時に、不合理指針では不合理性が否定されていても、裁判所では不合理性が認められる場合があるということです。すなわち、裁判所が、不合理指針どおりの判断を下すか否かは、今後の裁判例の集積をみなければわからない点があるということです。

⑶　パート有期労働者である派遣労働者についてのパート有期法８条と不合理指針

パート有期労働者である派遣労働者については、パート有期法および労働者派遣法の両方が適用されます（Q39の解説３参照）。

⑷　不合理指針の概要と不合理な処遇の排除の手順等

不合理指針の概要は、前述Q39で紹介した厚生労働省ホームページ掲載の図解（214頁）のとおりですが、具体的な不合理な処遇の排除の手順等については、厚生労働省ホームページ掲載の啓発用パンフレット、「不合理な待遇差解消のための点検・検討マニュアル（業界別マニュアル）」の「労働者派遣業界編」等が参考となります。

なお、派遣先労働者との均衡・均等処遇に関する不合理指針の利用の実務的な詳細については、労働者派遣事業関係業務取扱要領（2020年４月１日施行版・厚生労働省職業安定局）第７の４(7)も参照してください。

3　不合理指針「第５　協定対象派遣労働者」

(1)　概　要

不合理指針第４の冒頭で言及されるように（Q43参照）、労働者派遣法30条の４第１項において、労働者の過半数で組織する労働組合等との協定により、同項各号に規定する事項を定めたときは、当該協定で定めた範囲に属する派遣労働者の待遇について、同法30条の３の規定は、一部の待遇を除き、適用しないこととされています。ただし、同法30条の４第１項２号、４号もしくは５号に掲げる事項であって当該協定で定めたものを順守していない場合または同項３号に関する当該協定の定めによる公正な評価に取り組んでいない場合は、この限りでないとされています。

(2)　不合理指針「第５　協定対象派遣労働者」の概要

そこで、不合理指針第５では、〔図表18〕に図解するような労使協定方式の有効性判断基準等が定められています。

〔図表18〕　労使協定方式の有効性判断基準等

同一労働同一賃金ガイドラインの概要（4）

短時間・有期雇用労働者及び派遣労働者に対する不合理な待遇の禁止等に関する指針

【労使協定方式】の場合

①
賃金

<協定対象派遣労働者の賃金の決定方法等>

- 同種の業務に従事する一般の労働者の平均的な賃金の額と同等以上の賃金の額となるものでなければならない。
- 職務の内容、職務の成果、意欲、能力又は経験その他の就業の実態に関する事項の向上があった場合に賃金が改善されるものでなければならない。
- 協定対象派遣労働者の職務の内容、職務の成果、意欲、能力又は経験その他の就業の実態に関する事項を公正に評価し、賃金を決定しなければならない。

②
福利厚生
教育訓練

- 食堂、休憩室、更衣室といった**福利厚生施設**（※）については、派遣先の通常の労働者と働く事業所が同一であれば同一の利用を認めなければならない。
- 派遣元の通常の労働者との間で、転勤の有無等の支給要件が同一の場合の**転勤者用社宅、慶弔休暇、健康診断に伴う勤務免除・有給保障**については、同一の利用・付与を行わなければならない。
- **病気休職**については、有期雇用でない派遣労働者には派遣元の通常の労働者と同一の、有期雇用である派遣労働者にも、労働契約が終了するまでの期間を踏まえて取得を認めなければならない。
- **法定外の有給休暇その他の休暇**であって、勤続期間に応じて取得を認めているものについては、派遣元の通常の労働者と同一の勤続期間であれば同一の付与を行わなければならない。なお、期間の定めのある労働契約を更新している場合には、当初の労働契約の開始時から通算して勤続期間を評価することを要する。
- **教育訓練**であって、現在の職務に必要な技能・知識を習得するために実施するもの（※）については、派遣先の通常の労働者と同一の業務内容であれば同一の、違いがあれば違いに応じた実施を行わなければならない。
- **安全管理に関する措置・給付**については、派遣元の通常の労働者と同一の勤務環境に置かれている場合には同一の措置・給付を行わなければならない。

（※）上記の福利厚生施設（食堂、休憩室、更衣室）及び現在の業務の遂行に必要な技能・知識を付与するための教育訓練は、労使協定方式であっても、労使協定の対象とはならないため、派遣元事業主は、派遣先の通常の労働者との均等・均衡を確保する必要がある。

　また、これらの待遇については、派遣先に対しても、利用機会の付与及び実施の義務が課されている。

（出典：厚生労働省ホームページ）

（岩出　誠）

著者紹介

岩出　誠（いわで・まこと）

ロア・ユナイテッド法律事務所代表パートナー弁護士・法学修士

（略歴）

1973年10月　司法試験合格

1975年３月　東京大学大学院法学政治学研究科修了

1975年４月　最高裁判所司法研修所入所

1977年４月　弁護士登録（東京弁護士会）

山本栄則法律事務所入所、飯田・岩出特許法律事務所開設を経て岩出綜合法律事務所からロア・ユナイテッド法律事務所に改組

（主な著書）

『労働法実務大系〔第２版〕』（民事法研究会、2019年）／『最新通達・ガイドラインを踏まえた働き方改革関連法・パワハラ対応の企業実務』（中央経済社、2019年）／『労働事件　立証と証拠収集〔改訂版〕』（創耕舎、2019年）／『最新整理　働き方改革関連法と省令・ガイドラインの解説』（日本加除出版、2019年）／『人事労務担当者の疑問に答える　平成30年改正労働基準法』（第一法規、2019年）ほか

織田康嗣（おだ・やすつぐ）

ロア・ユナイテッド法律事務所弁護士

（略歴）

2015年３月　中央大学法科大学院修了

2017年12月　弁護士登録（東京弁護士会）

（主な著書）

『労働事件　立証と証拠収集〔改訂版〕』（創耕舎、2019年）／『最新整理

働き方改革関連法と省令・ガイドラインの解説』（日本加除出版、2019年）／『人事労務担当者の疑問に答える　平成30年改正労働基準法』（第一法規、2019年）／『労災の法律相談』（青林書院、2019年）／『新労働事件実務マニュアル〔第５版〕』（ぎょうせい、2020年）　ほか

山 﨑 貴 広（やまさき・たかひろ）

ロア・ユナイテッド法律事務所弁護士

（略歴）

2016年３月　　早稲田大学法科大学院修了

2017年12月　　弁護士登録（東京弁護士会）

（主な著書）

『最新整理　働き方改革関連法と省令・ガイドラインの解説』（日本加除出版、2019年）／『労働事件　立証と証拠収集〔改訂版〕』（創耕舎、2019年）／『労災の法律相談』（青林書院、2019年）／『新労働事件実務マニュアル〔第５版〕』（ぎょうせい、2020年）／『新・労働法実務相談〔第３版〕』（労務行政研究所、2020年）ほか

中 野 博 和（なかの・ひろかず）

ロア・ユナイテッド法律事務所弁護士

（略歴）

2016年３月　　中央大学法科大学院修了

2018年12月　　弁護士登録（東京弁護士会）

（主な著書）

『労災の法律相談』（青林書院、2019年）／『労働事件　立証と証拠収集〔改訂版〕』（創耕舎、2019年）

労働契約法のしくみと企業対応Q&A
―１冊でわかる新たな雇用ルール―

令和２年４月10日　第１刷発行

著者　岩出　誠・織田康嗣・山﨑貴広・中野博和

発行　株式会社ぎょうせい

〒136-8575　東京都江東区新木場1-18-11
電話　編集　03-6892-6508
　　　営業　03-6892-6666
フリーコール　0120-953-431
URL：https://gyosei.jp

〈検印省略〉

印刷・製本　ぎょうせいデジタル㈱

ISBN978-4-324-10757-7
（5108572-00-000）
〔略号：労働契約Q&A〕